I0489168

O presente livro é fruto dos estudos e das pesquisas realizados para a minha participação como Debatedor na palestra sobre Responsabilidade Diferenciada da Criança e do Adolescente: críticas à legislação brasileira e argentina; então, proferida pelo Prof. Luis Fernando Niño, no 1º Congresso Internacional de Direito Penal e Processual Penal realizado em Porto Alegre (RS), nos dias 13 e 14 de maio de 2010.

O 1º Congresso Internacional de Direito Penal e Processual Penal se destinou principalmente à realização de homenagem póstuma ao Professor e Magistrado Paulo Cláudio Tovo.

O evento também se destinou às discussões acerca da sua temática, qual seja, *a ciência penal no início do século: perspectivas para o futuro*; contando, para tanto com a presença de renomados juristas brasileiros e estrangeiros. Dentre importantes juristas da atualidade, destacaram-se os Professores Ada Pellegrini Grinover, Aramis Nassif, Carmo Antonio de Souza, Eugenio Raúl Zaffaroni, José Fernando Guzmán Dalbora, José Henrique Pierangeli, José Paganella Boschi, Luis Fernando Niño, Maurício Kuehne, Raúl Cervini Sanches, René Ariel Dotti, e Tupinambá de Azevedo.

Na ocasião do mencionado Congresso Internacional também teve lugar o lançamento da obra coletiva *Direito Penal e Processual Penal – Estudos em homenagem ao Prof. Paulo Cláudio Tovo*, sob a coordenação científica de José Henrique Pierangeli e coordenação de Solange Silveira.

De igual maneira, com a publicação do presente livro, singelamente, pretende-se render homenagem póstuma ao Professor e Magistrado Paulo Cláudio Tovo, dedicando-o a seus familiares e aos seus dignos herdeiros "jurídicos" João Batista Tovo e Antônio Tovo Loureiro.

E, também, rende-se homenagem póstuma ao então coordenador científico Professor José Henrique Pierangeli.

Certamente, estamos todos um pouco mais órfãos!

O Autor

Às vezes, a vida, ainda nos âmbitos acadêmicos, proverbialmente austeros, nos presenteia com belas surpresas: uma delas houve de me acontecer em Porto Alegre, em maio do ano em curso, quando participei como palestrante ao 1º Congresso Internacional de Direito Penal e Processual Penal promovido no Auditório da Assembléia Legislativa do Estado do Rio Grande do Sul, pelo Instituto de Desenvolvimento Cultural – IDC; e destinado a homenagear o saudoso jurista PAULO CLÁUDIO TOVO destacado por aqueles que tiveram a honra de lhe conhecer como fervoroso defensor dos Direitos Humanos e das garantias individuais.

O debatedor de minha palestra, Professor Dr. Mário Luiz Ramidoff, revelou-se não somente como um virtuoso conhecedor da matéria da qual se tratava na mesa – a capacidade progressiva de crianças e adolescentes –, senão ademais como um fino contraditor, graças a cuja intervenção o debate atingiu níveis ótimos de rigor científico. O trabalho que aqui tenho a honra de prologar aparece como um temporão fruto desse encontro, tão positivo no aspecto intelectual quanto no plano humano. Meu caro "xará" Mário Luiz debulha com mão firme esse fruto precoce, até exibir em apertada, mas completa síntese todos e cada um dos temas que compuseram o cordial cruzamento de idéias celebrado naquela data ainda recente.

Define com justeza a doutrina da proteção integral, materializada no Direito de minha irmã República Federativa do Brasil pela Constituição de 1988 e pelo Estatuto da Criança e do Adolescente, para demonstrar em seguida a impossível equiparação dessa doutrina com qualquer modalidade do assim chamado Direito Penal Juvenil; logo depois, assinala os riscos que pressupõe uma iniciativa parlamentar como a representada pelo Sistema Nacional Socioeducativo, ideologicamente aparentado com esse impróprio Direito Penal Juvenil e tendente a administrativizar burocraticamente a versatilidade e a ductilidade da letra e do espírito do Estatuto da Criança e do Adolescente.

Batalha também, com o mesmo afã deste prefaciador, contra uma redução da idade de maioridade penal incompatível com a realidade de uma mocidade envolvida no círculo de violências que o mundo adulto desaba sobre ela.

Advoga pela responsabilização diferenciada, vinculando sabiamente essa nota distintiva com a impossibilidade jurídico-penal de chamar crime ao que não passa de ser um injusto carente de culpabilidade, por falta das exigências da dupla capacidade de compreensão da relevância penal dos próprios atos e de autodeterminação; e, por fim, passa revista às medidas socioeducativas.

Em resumo, um autêntico Manual, sobriamente escrito, mas com a energia conceitual de quem se sabe possuidor de verdades nutridas por um decantado estudo teórico e uma notória experiência em diferentes campos relacionados com a matéria que trata.

Só me resta parabenizar ao caro Professor Ramidoff e agradecer a possibilidade de introduzir ao leitor nas páginas vibrantes e eruditas desta pequena, em aparência, e grande, em conteúdo, obra de referência sobre o tópico.

Buenos Aires, 13 de julho de 2010.

(20 anos do Estatuto da Criança e do Adolescente)

LUIS FERNANDO NIÑO

Juiz de Direito do Tribunal Oral Criminal de Buenos Aires

Catedrático de Direito Penal e Processual Penal da Universidade de Buenos Aires

Professor do ILANUD (Instituto Latinoamericano das Nações Unidas para a Prevenção do Crime e o Tratamento do Delinqüente)

Membro do IBCCRIM (Instituto Brasileiro de Ciências Criminais)

O mais apavorado é o que semeia o medo.

A violência é mãe da violência.

Ontem foi meu irmão.

Hoje sou eu.

A quem, agora, se dirige tua intimidação?

[...]

A eterna ameaça: a desunião enfraquece a pátria e ela cairá nas mãos de forças estrangeiras.

Assim o governante obriga o cidadão a curvar a cabeça a qualquer prepotência.

SÓFOCLES

O 1º Congresso Internacional de Direito Penal e Processual Penal fora destinado a homenagear o Paulo Cláudio Tovo, enquanto jurista distinguido por sua firme atuação em prol dos direitos humanos e das garantias fundamentais reconhecidos constitucional e legalmente à pessoa a quem se atribua a prática de conduta delituosa. A virtuosidade, talvez, maior, do homenageado Paulo Cláudio Tovo era, precisamente, cativar seus familiares, amigos, professores e estudantes em prol das lutas sociais e humanitárias. O seu legado se confunde com a sua missão humanitária e profundamente comprometida com os ideais democráticos que demandam uma atuação jurídica responsável e socialmente consequente.

No ensejo, rende-se homenagem ao Desembargador Aramis Nassif que, com a grandeza da alma e a gentileza pessoal indicou a participação do debatedor na palestra supramencionada, bem como ao Professor Maurício Kuehne que realizou o convite para participação naquele evento.

Dentre as temáticas abordadas na magnífica palestra proferida pelo ilustre Professor Luis Fernando Niño, faz-se destaque de algumas passagens que se encontram atualmente nas pautas públicas, em debate, são elas: a discussão acerca da redução da idade de maioridade penal; a responsabilização *penal* da criança e do adolescente; a distinção entre a responsabilização *diferenciada* e o sentimento de impunidade difundido na opinião pública; a contrariedade epistêmica entre a *doutrina da proteção integral* e a matriz teórico-pragmático do *direito penal juvenil*, dentre outros aspectos relevantes, que, em razão da atração central dessas temáticas, certamente, restaram ainda que indiretamente contemplado. Sob o epíteto da *doutrina da proteção integral* – que se constitui na matriz jurídico-legal (constitucional e estatutária) e epistêmica fundante do novo *Direito da Criança e do Adolescente* –, entende-se que não se afigura adequada; e, sequer, legítima, a utilização de institutos jurídico-penais para a resolução das questões relativas aos interesses indisponíveis, direitos individuais e garantias fundamentais afetas à criança e ao adolescente.

A ocultação da ambiência ideológica através do discurso jurídico em torno do conhecimento do Direito, senão a opacidade que a complexidade para o entendimento do "jurídico" oferece a tudo aquilo que pretende ocultar acerca do lhe é ideológico, senão, sob o "manto discursivo" da neutralidade científica. Enfim, é a proposta de ocultação sempre presente na dimensão jurídica do conhecimento oferecida ao que é ideológico, ao tempo em que o Direito, ao se desenvolver como uma lógica da vida social não é conhecido ou não é compreendido por um grande número de pessoas a quem se dirige, segundo Carlos María Cárcova[1].

Por isso, afirma o Autor que "existe, pues, una opacidad de lo jurídico. El derecho, que actúa como una lógica de la vida social, como un libreto, como una partitura, paradójicamente, no es conocido o no es comprendido por los actores en escena. Ellos cumplen ciertos rituales, imitan algunas conductas, reproducen ciertos gestos, con escasa o nula percepción de sus significados y alcances"[2].

Até porque, conforme afirma Carlos María Cárcova, "El problema, formulémoslo ahora en forma elemental y detallada, consiste en que los hombres, sujetos de derecho, súbditos que deben adecuar sus conductas a la ley, desconocen la ley o no la comprenden. Esto es, desconocen el estatuto jurídico de los actos que realizan o no lo perciben con exactitud o no asumen los efectos generados por tales actos o tienen confusión respecto de unos o de otras. Son formas distintas de este fenómeno que venimos llamando "no comprensión" o "efecto de desconocimiento" u "opacidad" del derecho, que obedece a múltiples y heterogéneas razones y que se manifiesta de diversa manera según las características de cada formación histórico social y, obviamente, de las condiciones concretadas, sociales y personales, de cada individuo o conjunto de individuos"[3]. Por isso mesmo, entende-se que a intervenção estatal, de cunho repressivo-punitivo se afigura inadequada para a resolução protetiva do adolescente.

---

[1] CÁRCOVA, Carlos María. *La opacidad del derecho*. Madrid: Trotta, 1998, p. 4 e ss.
[2] Idem.
[3] Ibidem.

As reações repressivo-punitivas próprias do Direito Penal não têm o condão de resgatar os conflitos e, muito menos, as pessoas envolvidas, senão, que, pelo contrário, causa "mais problemas e conflitos do que aqueles que se propõem a resolver com a agravante dos seus altos custos sociais", segundo Vera Regina Pereira de Andrade[4].

De acordo com a Autora, "se a violência institucional é 'consubstancial a todo o sistema de controle social' (Muñoz Conde, 1985, p. 16) ou 'intrínseca à ação de controle social' (Cirino dos Santos, 1984, p. 123) a violência institucional como expressão e reprodução da violência estrutural das relações sociais, isto é, da injustiça social, sintetiza o modus vivendi experimentado pelo sistema de controle penal da modernidade. Por todos estes motivos e porque o Estado expropriou uma das partes envolvidas – a vítima – da sua gestão, o modelo penal não pode ser considerado, diferentemente de outros campos do Direito, como um modelo de 'solução de conflitos' gerando, ao revés, mais problemas e conflitos do que aqueles que se propõem a resolver com a agravante dos seus altos custos sociais (Hulsman, 1993, p. 91)"[5].

Na construção do conhecimento inúmeras injunções político-ideológicas são utilizadas, através dos processos de formação pessoal e de informação cognitivo-intelectual, para influenciar decisivamente a consubstanciação do ser que conhece e do objeto a ser conhecido.

Portanto, é preciso ter tempo para adolescer, e, com isto, evitar determinismos biopsicológicos – por exemplo, o "discernimento" eventualmente constatável, atualmente, tem servido discursivamente para sustentar as propostas de redução da idade de maioridade penal – amplamente utilizados, ao longo da história, por poderes tecnocráticos, para oferecer soluções imediatistas socialmente inconsequentes.

---

[4] ANDRADE, Vera Regina Pereira. *A ilusão de segurança jurídica*: do controle da violência à violência do controle penal. Porto Alegre: Livraria do Advogado, 1997, p. 292.
[5] Idem.

1. Direito da Criança e do Adolescente

É preciso, inicialmente, não confundir o advento do Estatuto da Criança e do Adolescente – Lei n. 8.069, de 13 de julho de 1990 – com o surgimento do Direito da Criança e do Adolescente, no Brasil.

O Direito da Criança e do Adolescente surgiu no Brasil à época da criação da Constituição da República de 1988, através de movimentos sociais – como, por exemplo, *movimento nacional de meninos e meninas em situação de rua* – em prol da criança e do adolescente. Assim, ao se fazer consignar, especificamente, nos arts. 227 e 228 da Constituição da República de 1988, a síntese dos direitos humanos destinados à criança e ao adolescente, consolidou-se, no Brasil, o Direito da Criança e do Adolescente através da adoção do que se convencionou teórico-pragmaticamente denominar de *doutrina da proteção integral.*

A origem das mencionadas figuras legislativo-constitucionais tem lugar no projeto do que viria ser a Convenção Internacional dos Direitos da Criança, que, somente em 20 de novembro de 1989, tornou-se publicamente conhecida e adotada pelos países que fazem parte da comunidade internacional perante a Organização das Nações Unidas – ONU. O Estatuto da Criança e do Adolescente, entretanto, apenas veio a lume, na data de 13 de julho de 1990; e, nesses quase 20 (vinte) anos de sua vigência, é possível constatar uma verdadeira mudança cultural a partir do marco teórico e pragmático dos direitos humanos, principalmente, nas relações políticas e sociais pertinentes à infância e à adolescência.

Essas legislações nacionais e internacionais se constituem nas "Leis de Regência"[6] do Direito da Criança e do Adolescente. A importância do conhecimento dessas "Leis de Regência" é vital mesmo para a formação de atores sociais que devem intervir na realidade social a partir de suas diversas potencialidades.

---

[6] RAMIDOFF, Mário Luiz. *Direito da criança e do adolescente*: teoria jurídica da proteção integral. Curitiba: Vicentina, 2008.

O Direito da Criança e do Adolescente requer, por isso, a formação e a mobilização da opinião pública, através do incentivo da prática profissional responsável e socialmente consequente, a partir de um "olhar" respeitoso e humanitário. No Brasil, em alguns Estados já existem legislações específicas que determinam a inclusão da disciplina Direito da Criança e do Adolescente nos concursos para assunção de cargos públicos pertinentes e que possuam atribuições diretas e indiretas junto à comunidade infanto-juvenil.

Algumas Universidades já possuem estudos, pesquisas e extensão relativos ao Direito da Criança e do Adolescente; até porque, a Academia deve ter sempre por diretiva principal a função de capacitar as diversas potencialidades para atuação direta e indireta nas comunidades. A matriz normativa (jurídico-legal) é apenas um ponto de partida para a regulamentação – e por vezes a mutação – das relações interpessoais que se estabelecem socialmente entre crianças e adolescentes – por exemplo, familiares, escolares, associativas, dentre outras.

Para tanto, o viés para identificação, reconhecimento e abordagem dos interesses e conflitos que se estabelecem, necessariamente, exigem o estabelecimento de uma metodologia transdisciplinar. Na construção e desenvolvimento do Direito da Criança e do Adolescente deverão ser sempre utilizadas quando possível as importantes contribuições inter, multi e transdisciplinar.

O intuito precípuo é a integração dos saberes para que, cada vez mais, seja possível oferecer resoluções adequadas aos casos concretos (legais) que cotidianamente são apresentados não só ao Sistema de Justiça Infanto-juvenil, mas, também, naquelas diversas instâncias – isto é, familiares, escolares, administrativas e deliberativas (Conselhos dos Direitos e Tutelares).

Em cada uma dessas instâncias deverão ser adotadas metodologias que se revelem aptas e capazes de oferecer resoluções adequadas às questões pertinentes à infância e à adolescência, tendo-se em conta, que a criança e o adolescente são sujeitos de direito que se encontram na condição humana peculiar de desenvolvimento.

As importantes contribuições *interdisciplinares* são aquelas adotadas pelo discurso jurídico, com o intuito de (re)significarem e criarem sentidos no âmbito jurídico-legal.

As intersecções *transdisciplinares*, por sua vez, mantêm a tensão entre os âmbitos de conhecimento – por exemplo, jurídico e psicológico – precisamente, para determinar os limites cognitivos e de vinculação semiológica.

A diferença de abordagem, no entanto, não implica em eliminação ou mesmo incorreção, mas, verdadeiramente, complementaridade, na ação que se tiver de adotar – como, por exemplo, seja acolhimento, proteção, tratamento ou responsabilização diferenciada.

Contudo, observa-se que o discurso jurídico assim como os demais que se apresentam para a resolução adequada de questões relativas à infância e à adolescência, na verdade, continuam a fazer um "jogo de poder"; pois, para o discurso jurídico a relação que se estabelece demanda resolução adequada e contemplativa das importantes contribuições inter e transdisciplinares, ainda, que, continue a produzir discursividade jurídica determinativa e vinculativa das relações sociais – "de poder" – que regulamenta.

Assim, no Direito da Criança e do Adolescente a metodologia apesar de ser diferenciada, necessariamente, deverá prestigiar a complementaridade através da integração das discursividades que se estabelecem para a regulamentação dos direitos individuais – atendimento médico, psicológico; formulação de políticas públicas; adoção de medidas judiciais, etc. – e o asseguramento das garantias fundamentais que são afetas à criança e ao adolescente.

No entanto, por incrível que pareça, nos Cursos de Graduação e Pós-graduação em Direito, no Brasil, é muito raro o Direito da Criança e do Adolescente constar dos programas e currículos como disciplina obrigatória; quando não, figuram apenas como disciplinas optativas.

Antes da Constituição da República de 1988, a criança e o adolescente tinham proteção pela legislação civil; contudo, em relação àqueles que praticavam atos considerados desviados a responsabilização era regulamentada a partir da concepção repressivo-punitiva própria ao Direito Penal.

E, por isso, até então, houve um descaso muito grande tanto pela Universidade – que muito pouco formou profissionais capacitados –, quanto pelas políticas públicas relacionadas à educação, para a integração dos estudos e das pesquisas relacionados às diversas áreas do conhecimento pertinentes à infância e à adolescência.

O Direito da Criança e do Adolescente e suas "Leis de Regência" raramente são divulgados adequadamente pelos meios de comunicação social, salvo sazonalmente nas oportunidades em que se comemoram os adventos das mencionadas figuras legislativas, quando não, limitam-se a questionar a eficácia jurídica e social das medidas legalmente previstas.

Em relação à aplicação das mencionadas "Leis de Regência", por vezes, de forma preconceituosa, são consideradas como excessivamente protetivas, quando se pensa nas garantias fundamentais reconhecidas ao adolescente a quem se atribui a prática de ato infracional; outras vezes, sugere-se que tais legislações são muito pouco conhecidas, e, por isso, de igual maneira, muito pouco aplicadas judicialmente e ou socialmente observadas.

Enfim, os meios de comunicação social não têm se preocupado com o tratamento adequado a respeito do Direito da Criança e do Adolescente – que, por certo, não deverá ser reduzido à discussão sobre as "Leis de Regência" –; quando não, desconhecem as denominadas "fontes" capacitadas para oferecer informações coerentes ao desenvolvimento teórico e pragmático da matéria relativa à infância e à adolescência, bem como as atuais discussões levadas a cabo em congressos, grupos de pesquisas e agências que se destinam à veiculação e divulgação da cidadania infanto-juvenil.

Por exemplo, para que se evitem estigmatizações ou mesmo tratamentos pejorativos, não se deve mais utilizar expressões, como, por exemplo, "menor", "menor infrator", "ECA", "punição", dentre outros.

Ao invés disso, é respectivamente possível usar as expressões criança ou adolescente.

Criança é a pessoa com até 12 (doze) anos de idade incompletos; e adolescente pessoa com idade entre 12 (doze) anos completos e 18 (dezoito) anos – art. 2º da Lei n. 8.069/90 (Estatuto da Criança e do Adolescente).

Não se denomina de "menor infrator", mas, sim, de criança ou de adolescente "em conflito com a lei", senão, de criança ou de adolescente "a quem se atribui a prática de ato infracional".

"ECA" além da abreviação não recomendada, também pode sugerir pouco caso, quando não dubiedade acerca do que se quer dizer. Por isso, é possível utilizar simplesmente a expressão "Estatuto".

E "punição" e ou "sanção" são expressões que não se utilizam mais na seara infanto-juvenil, cujas medidas são as específicas de proteção e ou socioeducativas, as quais possuem *conteúdos protetivos e sociopedagógicos*.

Por tudo isto, o estudo e a pesquisa do Direito da Criança e do Adolescente estão por exigir a construção de uma teoria jurídica que possa oferecer instrumentos próprios à efetivação jurídica e social da doutrina da proteção integral, enquanto consolidação dos direitos humanos especificamente destinados à infância e à adolescência.

2. DOUTRINA DA PROTEÇÃO INTEGRAL

Inicia-se a abordagem das temáticas acima referidas a partir da constatação da mutação epistemológica da qual adveio a proposição afirmativa constitucional, em prol dos direitos individuais e das garantias fundamentais afetos à criança e ao adolescente.

A adoção das diretrizes humanitárias internacionais foi democraticamente alcançada, no Brasil, ao tempo da elaboração da Constituição da República de 1988.

Através de opção política, alinhou-se, o ordenamento jurídico brasileiro, às diretrizes internacionais sobre os direitos humanos especificamente destinados à criança, surgindo, assim, o Direito da Criança e do Adolescente.

Anote-se, que, na área internacional, criança é a pessoa com idade inferior a 18 (dezoito) anos; enquanto que, no Brasil, criança é a pessoa com até doze anos incompletos de idade, e, adolescente possui idade entre 12 (doze) anos completos e 18 (dezoito) anos.

O Direito da Criança e do Adolescente, como já se disse anteriormente, surge com o advento da Constituição da República de 1988, na qual se fez consignar os arts. 227 e 228, que consubstanciam o que se convencionou denominar de *síntese da doutrina da proteção integral*, vale dizer, direitos humanos especificamente destinados à criança e ao adolescente, enquanto pessoas que se encontram na condição humana peculiar de desenvolvimento – art. 6º da Lei n. 8.069/90.

Pois, como se sabe, os arts. 227 e 228 da Constituição da República de 1988, em seus conteúdos político-normativos, encerram resumidamente o então projeto da futura *Convenção Internacional sobre os Direitos da Criança*, a qual somente na data de 20 de novembro de 1989, foi levada à subscrição dos países integrantes da comunidade internacional.

Isto é, a mencionada Convenção Internacional aproximadamente mais de um ano depois da promulgação da Constituição da República de 1988 passou, então, a vigorar.

A Constituição da República de 1988 alterou o fundamento de validade da norma jurídica sobre a inimputabilidade penal – art. 27 do Código Penal brasileiro – que passou a ser orientada pela opção político-ideológica de viés humanitário adotada democraticamente no seu art. 228; consignando-se, a partir de então, a inimputabilidade penal como um direito individual, de cunho fundamental, especificamente destinado à criança e ao adolescente.

Senão, pelo expediente integrativo constitucional da *recepção*, as normas jurídicas, então, vigentes, são recebidas pela nova ordem jurídica, quando não devem ser adequadas aos novos fundamentos de validade formal e material (político) e não meramente legais (jurídicos).

A alteração do vernáculo técnico-jurídico até então utilizado é marca significativa da mutação paradigmática que se operou a partir da supramencionada opção política na adoção de normas internacionais que passam a regulamentar os interesses indisponíveis, os direitos individuais e as garantias fundamentais afetos à criança e ao adolescente.

O primeiro sinal de que uma matriz epistemológica está surgindo, senão, em razão mesmo, do movimento crepuscular de outra que se esvanece, é precisamente a mudança do vernáculo.

Assim, é possível consignar que a superação epistemológica operada pela matriz humanitária designadamente da *doutrina da proteção integral* resultou mesmo a queda definitiva do paradigma então denominado de *situação irregular*.

Senão, que, a assunção do novo paradigma humanitário passou a orientar o estudo, a pesquisa e a atuação dos cientistas e operadores do Direito que desenvolviam suas atividades segundo aquela matriz epistêmica.

Por *doutrina da proteção integral* pode ser entendida a identificação, reconhecimento e asseguramento jurídico-legal dos direitos humanos destinados especificamente à criança e ao adolescente.

Senão, por isso mesmo, incompatível com a vertente epistêmica repressivo-punitiva que orienta as proposições jurídico-penais, inclusive, a pretensamente *juvenil*.

A *doutrina da proteção integral*, enquanto consolidação teórica acerca dos direitos humanos especificamente destinados à criança e ao adolescente, constitui-se na matriz epistemológica que orienta a organização e a estruturação do Direito da Criança e do Adolescente.

Logo, não se afigura plausível ressuscitar a matriz epistemológica orientadora do paradigma da *situação irregular*[7] com o intuito de que seja possível aplicar um suposto *direito penal*, aqui, pretensamente, *juvenil*.

De acordo com Christian Nedel[8], "adotou-se a Doutrina da Proteção Integral em detrimento dos vetustos primados da arcaica Doutrina da Situação Irregular. Operou-se uma mudança de referenciais e paradigmas na ação da política nacional, com reflexos diretos em todas as áreas, especialmente no plano do trato da questão infracional".

É precisamente a *doutrina da proteção integral* que identificou e reconheceu teórico-pragmaticamente a subjetividade jurídica infanto-juvenil, isto é, consagrou o entendimento de que a criança e o adolescente são *sujeitos de direito*, e, não, mais, *objetos de proteção*.

É possível dizer que existe não só uma teoria jurídica, mas, caracteristicamente, protetiva (humanitária) que se estabelece como conhecimento (saber) específico que se destina a aplicação (interpretação) do Direito da Criança e do Adolescente.

A metodologia utilizada para tal desiderato, é insofismavelmente a transdisciplinar, através da qual se busca assegurar o pleno exercício dos direitos e garantias inerentes à cidadania infanto-juvenil (re)afirmando, assim, a subjetividade jurídica da criança e do adolescente, enquanto sujeitos de direito.

Senão, que, a objetividade protetiva do Direito da Criança e do Adolescente é dirigida ao asseguramento das condições humanas peculiares de desenvolvimento, quais sejam: a infância e a adolescência.

A *doutrina da proteção integral* é, por assim dizer, a consolidação teórico-pragmática dos direitos humanos especificamente destinados à criança e ao adolescente, em prol de sua emancipação subjetiva, isto é, a melhoria da qualidade de vida individual e coletiva.

---

[7] NEDEL, Christian. *O direito da criança e do adolescente*: ECA para concursos públicos. Porto Alegre: Sapiens, 2010. p. 15.
[8] Idem.

Enfim, uma síntese epistemológica – paradigmática – que orienta o novo âmbito jurídico-legal – constitucional e estatutário – construído para regulamentar a proteção, promoção e defesa dos direitos individuais e das garantias fundamentais afetos à criança e ao adolescente.

Desta maneira, entende-se que a *doutrina da proteção integral* resta objetivada[9] tanto nas construções legislativas quanto no cumprimento e aplicação das regras constitucionais e estatutárias.

Como já se disse, a doutrina da proteção integral "se constitui em realidade objetiva, isto é, na dimensão do mundo da vida vivida, impõe-se pela invocação de ser um conhecimento específico e humanitário para compreensão dos acontecimentos sociais em que se encontram envolvidos interesses, direitos e garantias individuais de cunho fundamental inerentes à condição humana peculiar de criança ou de adolescente"[10].

Portanto, é preciso reconhecer – e assim difundir – a possibilidade epistemológica da existência de uma teoria jurídica da Doutrina da Proteção Integral que tem por objetivo estabelecer parâmetros humanitários ideologicamente marcados para a promoção e a defesa dos direitos da criança e do adolescente.

E isto se afigura plausível através da análise crítica do âmbito discursivo acerca da normatividade constitucional e estatutária, destacadamente, cujo intuito é a formação cultural (ideológica) de um conhecimento jurídico pertinente ao Direito da Criança e do Adolescente.

Esse novo ramo jurídico-legal, de seu turno, deve ter a sua própria "lógica" ("racionalidade"), por assim dizer, que lhe sirva para legitimar a criação, a utilização (aplicação) e execução de uma normatividade que seja própria e pertinente para a proteção integral desses novos sujeitos de direito.

E, assim, por exemplo, funcione como anteparo teórico-pragmático – superativo, supressivo e mesmo excludente – da dogmática jurídico-penal que legitima, através de autorizações e justificações, a intervenção estatal, de cunho repressivo-punitivo.

---

[9] RAMIDOFF, Luísa Munhoz Bürgel; e RAMIDOFF, Mário Luiz. *Lições de direito da criança e do adolescente*: ato infracional e medidas socioeducativas. 4. ed. Curitiba: Juruá, 2017. p. 23 e ss.
[10] RAMIDOFF, Luísa Munhoz Bürgel; e RAMIDOFF, Mário Luiz. *Lições de direito da criança e do adolescente*: ato infracional e medidas socioeducativas. 4. ed. Curitiba: Juruá, 2017. p. 23 e ss.

Do contrário, o que restará é a cooptação discursiva (político-ideológica), e, não, propriamente, normativa, de um suposto "Direito Penal Juvenil" que se pretende reconhecer através da perspectiva funcional-utilitarista difundida pela dogmática jurídico-penal. As respostas repressivo-punitivas oferecidas pelo Direito Penal, ainda, que, sob o epíteto de "limitação" do Estado – garantismos?! –, por vezes, apenas oferecem soluções emergenciais que são substancial e socialmente inadequadas à emancipação subjetiva, isto é, à melhoria da qualidade de vida individual e coletiva.

Desta maneira, entende-se que a título de responsabilização diferenciada é preciso a constituição de um Direito Socioeducacional pensado a partir da Doutrina da Proteção Integral, enquanto marco teórico-pragmático desta nova área jurídico-legal, então, normativa e ideologicamente, vinculados aos avanços civilizatórios e humanitários em prol da infância e da adolescência.

3. CONSELHO TUTELAR

O Conselho Tutelar se constitui numa das novas instâncias públicas destinadas a democratizar a promoção e a defesa dos direitos individuais e o asseguramento das garantias fundamentais afetos à infância e à adolescência. Para tal desiderato, ao Conselho Tutelar foram estabelecidas legalmente atribuições que anteriormente eram reconhecidas, ao âmbito administrativo-discricionário, do Juiz de Direito. O Estatuto da Criança e do Adolescente regulamenta a estruturação e o funcionamento do Conselho Tutelar – arts. 131 a 139 –, bem como o Conselho Nacional dos Direitos da Criança e do Adolescente – CONANDA, através de Resoluções n. 75, de 22 de outubro de 2001; n. 105, de 15 de junho de 2005; n. 106, de 17 de novembro de 2005; e n. 116.

O Estatuto da Criança e do Adolescente possui inúmeras e específicas diretrizes humanitárias; cada uma dessas diretrizes está ligada a uma área que se relaciona ao desenvolvimento da criança e do adolescente. Contudo, a diretriz fundante é a humanitária, então, concebida na área infanto-juvenil como *doutrina da proteção integral*.

Por sua vez, o Conselho Tutelar deve sempre procurar desenvolver as suas atribuições legais (estatutárias) consoante os ditames da *doutrina da proteção integral* (art. 227 da Constituição da República de 1988), segundo a qual a criança e o adolescente são sujeitos de direito que possuem a garantia da *absoluta prioridade* (art. 4º da Lei n. 8.069/90).

A *absoluta prioridade* é outro conceito fundamental na área infanto-juvenil, segundo o qual toda formulação legislativa, prestação de serviço e atendimento à criança e ao adolescente deverá preceder às demais cidadãos. Por isso, o Conselho Tutelar deverá privilegiar o atendimento das necessidades vitais básicas da criança e do adolescente, buscando prioritariamente efetivar os direitos individuais – como, por exemplo, à vida e à saúde, à educação, ao convívio familiar e comunitário, dentre outros (art. 7º a 69 da Lei n. 8.069/90).

Não fosse isto, o Conselho Tutelar, sob a orientação da *doutrina da proteção integral* e segundo a diretriz da *absoluta prioridade* (art. 4º da Lei n. 8.069/90), deverá sempre promover suas ações através de *decisão colegiada*.

Pois, somente assim será possível assegurar a democratização necessária para a resolução de decisões importantes relacionadas à criança e ao adolescente. Senão, que, por essa metodologia de atuação, o Conselho Tutelar tornará suas decisões não só legítimas, mas, também fundamentadamente mais coerentes ao regime democrático.

Assim, o Conselho Tutelar ao promover, defender e fiscalizar o cumprimento dos direitos individuais da criança e do adolescente, deverá sempre assegurar à criança e ao adolescente as garantias condizentes à condição humana peculiar de desenvolvimento (art. 6º da Lei n. 8.069/90).

Em relação à fiscalização *do* Conselho Tutelar, é possível dizer que existem os sistemas democráticos de controle administrativo e judicial. Desta maneira, quando houver descumprimento dos deveres legais por um, alguns ou todos os Conselheiros Tutelares, é possível através de procedimento administrativo municipal responsabiliza-los, inclusive, ao ponto de afastá-los da função pública que desempenham.

Na esfera judicial, é possível também a adoção de medidas semelhantes civilmente, isto é, com a cassação do mandato, bem como a eventual responsabilização penal individual do Conselheiro Tutelar, que, eventualmente, possa ter praticado conduta descrita como crime pela legislação penal brasileira.

Em relação à fiscalização *realizada pelo* Conselho Tutelar, por exemplo, às entidades de atendimento (arts. 95 a 97 da Lei n. 8.069/90) à criança e ao adolescente, observa-se que existe regulamentação legal (estatutária) específica, através da qual são descritas as medidas legais a serem adotadas em cada caso concreto; e, segundo, as atribuições legais destinadas ao Conselho Tutelar (art. 136 da Lei n. 8.069/90).

Aqui, em especial, aquelas que atendem o cumprimento de medidas legais judicialmente aplicadas a título de responsabilização diferenciada (*protetivas* e *socioeducativas*).

A proposição de *ressocialização* através de *sanções penais* destinadas ao público juvenil, é completamente equivocada; seja teoricamente, seja pragmaticamente, seja ideologicamente.

Pois, não compreende sequer os valores político-culturais (humanitários) desenvolvidos pela adoção da *doutrina da proteção integral*, isto é, dos direitos humanos especificamente destinados à criança e ao adolescente.

A proposição *ressocializatória* ainda é formulada a partir do marco teórico-pragmático – e, de igual maneira, político-cultural (ideológico) – da vertente *repressivo-punitiva* muito própria ao *Direito Penal*.

Na área jurídico-legal destinada a regulamentação dos direitos individuais e das garantias fundamentais destinados à criança e ao adolescente, de viés humanitário, protetivo e sociopedagógico (educacional), não se utilizam mais os institutos e as expressões, especificamente, próprios à *Dogmática Jurídico-Penal*, ainda que *Juvenil*[11].

Assim, não existe na área jurídico-legal infanto-juvenil o instituto da *ressocialização*, bem como não se utiliza a expressão *menor*, e, muito menos, *infrator*. Pois, tais expressões remontam ideologicamente ao tempo em que o Brasil experimentou regimes de exceção apesar de se declarar um Estado de Direito.

Na área jurídico-legal destinada à *proteção integral* da infância e da adolescência, aplicam-se medidas *específicas de proteção* e *socioeducativas*, em virtude de que essas pessoas se encontram na *condição humana peculiar de desenvolvimento da personalidade* (art. 6º da Lei n. 8.069/90).

Crianças e adolescentes devem ser *socializados* através de medidas pedagógicas (educação) e não meramente através de medidas repressivo-punitivas.

A criança e o adolescente que pratiquem atos infracionais devem ser diferentemente responsabilizadas; mas, contudo, jamais através de sanções penais!

As medidas específicas de proteção são aplicadas à criança e ao adolescente, enquanto que as socioeducativas apenas aos adolescentes que praticaram ato infracional.

---

[11] NEDEL, Christian. *Op. cit.* Segundo o Autor, os "defensores do Direito Penal Juvenil entendem que o Estatuto da Criança e do Adolescente, mesmo enfatizando o caráter socioeducativo da medida aplicada ao adolescente que comete ato infracional, reconhecem o caráter sancionatório dessas medidas".

Essas medidas legais são aptas, sim, a reestruturar pessoal, familiar e socialmente a criança e o adolescente; senão, que, na prática, são as medidas judicialmente aplicadas que mais têm contribuído com o desenvolvimento responsável e consequente dos jovens que se encontram em situação de ameaça e ou violência aos seus direitos individuais e garantias fundamentais; ainda, que, pela prática de atos infracionais.

As medidas específicas de proteção assim como as socioeducativas devem ser aplicadas judicialmente, nas hipóteses de responsabilização diferenciada, então, decorrente da prática de ato infracional. Para tanto, deve-se sempre contar com os serviços das equipes técnicas (arts. 150 e 151 da Lei n. 8.069/90).

As equipes técnicas interprofissionais deverão ter contato direto com a criança e o adolescente, bem como com os seus respectivos núcleos familiares, com o intuito de que formulem pareceres técnicos adequados às necessidades vitais básicas, de cunho familiar e social, desses sujeitos de direito.

Não fosse isto, é importante e garantidor o acompanhamento judicial do cumprimento das medidas legais aplicadas individualmente à criança – pelo Conselho Tutelar – ou ao adolescente a quem se atribui a pratica de ato infracional – pelo Juiz de Direito com competência específica.

O Conselho Tutelar deve atuar em relação ao cumprimento das diretrizes do Estatuto da Criança e do Adolescente, em especial, para a responsabilização diferenciada da criança a quem se atribui a prática de ato infracional – art. 105 da Lei n. 8.069/90.

O Conselho Tutelar evita, assim, a jurisdicionalização da criança que praticou ato infracional, através da aplicação de medidas específicas de proteção estatutariamente previstas no art. 101.

O Conselho Tutelar é, por isso, a única instância pública e legalmente autorizada à responsabilização diferenciada da criança em conflito com a lei, nos termos do inc. I do art. 136 da Lei n. 8.069/90.

Com isto, procurou-se evitar qualquer outra espécie de responsabilização – seja repressivo-punitiva ou mesmo socioeducativa – que por sua inadequabilidade pudesse vitimizar a criança, enquanto sujeito de direito que se encontra na condição humana peculiar de desenvolvimento.

4. DIREITO PENAL JUVENIL

O *direito penal juvenil* não deixa de ser uma vertente jurídico-penal que se pretende ver aplicada na nova área jurídico-legal (protetiva) infanto-juvenil.

Com efeito, tal versão repressivo-punitiva apresenta, de forma argumentativa, as eventuais garantias penais e processuais penais que têm sido oferecidas às pessoas incriminadas perante o Sistema de Justiça Penal.

Entretanto, tais garantias apenas têm servido para cooptação das críticas que são teórico-pragmaticamente lançadas ao funcionamento do Sistema de Justiça Penal. Pois, de forma diminuta, a mera declaração constitucional e legal dessas garantias, sequer, tem refreado o expansionismo repressivo-punitivo – objetivado nas restrições legais[12], sumulares[13] e resolutivas[14] acerca da aplicação da prescrição penal, no Brasil –, afigurando-se, assim, incapazes de oferecer minimamente adequada proteção à criança e ao adolescente.

A discursividade garantista que busca legitimar e justificar a intervenção estatal repressivo-punitiva, na área jurídico-legal (protetiva) infanto-adolescente, não oferecer nenhuma segurança plausível à efetivação jurídica e social das liberdades públicas (substanciais) afetas à criança e ao adolescente.

É o que Amartya K. Sem denomina de liberdades individuais substantivas que são determinantes e fundamentais para a própria iniciativa individual e da eficácia social[15]. Vale dizer, "Pois, ao se ter mais liberdades, as pessoas melhoram a capacidade de cuidar de si mesmas e para influenciar o mundo. Ser agente – no sentido de ser autor social, e, não meramente ator ou partícipe social – significa dizer algo sobre alguém que age e ocasiona mudanças – interna, ou seja, pessoalmente, e, externa, socialmente – cujas realizações podem ser julgadas de acordo com seus próprios valores e objetivos"[16].

---

[12] BRASIL, Lei n. 12.234, de 5 de maio de 2010. Alteração no Código Penal brasileiro, através da qual foi extinta a prescrição retroativa que se verificava entre a data do fato e a do recebimento da denúncia.
[13] BRASIL, SUPERIOR TRIBUNAL DE JUSTIÇA, Súmula n. 438. É inadmissível a extinção da punibilidade pela prescrição da pretensão punitiva com fundamento em pena hipotética, independentemente da existência ou sorte do processo penal.
[14] BRASIL, CONSELHO NACIONAL DE JUSTIÇA, Resolução n. 112, de 06 de abril de 2010. Institui mecanismo para controle dos prazos de prescrição nos tribunais e juízos dotados de competência criminal.
[15] SEN, Amartya K. *Desenvolvimento como liberdade*. São Paulo: Companhia das Letras, 2000.
[16] Idem.

A preocupação é com desenvolvimento do papel da condição de agente do indivíduo como membro do público e como participante de ações sociais que interage direta ou indiretamente nas atividades individuais ou conjuntas na esfera política ou em outras esferas. E isto importa na influência sobre numerosas questões fundamentais de política pública".

A lógica e racionalidade oferecidas pela epistemologia jurídico-penal, sequer, na verdade, têm permitido a superação das ambiguidades identificadas, senão, produzidas pela própria dogmática jurídica[17] (penal), no âmbito do Sistema de Justiça Penal. Por "dogmática jurídica", aqui, pretende-se identificar o conhecimento ou saber oficial que legitima, autoriza e justifica a intervenção estatal repressivo-punitiva; senão, na concepção de "ciência do direito penal" referida por Nilo Batista. Para o Autor, "ao empregarmos a expressão direito penal estamos nos referindo ao estudo do direito penal, à apropriação intelectual de conhecimentos sobre aquele conjunto de normas jurídicas ou aquela faculdade do estado; usa-se a expressão, aí, numa acepção de ciência do direito penal, ou direito penal-ciência"[18].

Pois, apesar de oferecer critérios de limitação da intervenção estatal repressivo-punitiva desde a formulação da legislação penal, perpassando pela aplicação judicial e a execução das sanções penais, hodiernamente, o Direito Penal tem sido, mais do que nunca, autorizativo das práticas antidemocráticas.

Pois, como se sabe, o Direito Penal Juvenil tem por pressuposto teórico a "missão" funcional-utilitarista destinada ao "controle" do que se tem denominado historicamente como "delinquência juvenil" – e, hoje, a partir de metodologias estatísticas de duvidosa credibilidade, denominado de "criminalidade juvenil" – procurando, assim, legitimar o discurso jurídico-penal autorizativo e justificador da intervenção estatal de cunho repressivo-punitivo a título de "limitação" do poder punitivo do Estado.

Na verdade, a "delinquência juvenil" ou a "criminalidade juvenil" servem como dados estatísticos seletivamente criados através de metodologias tendencialmente comprometidas com a legitimação do controle sócio penal violento, agora, sob as escaramuças de um pretenso "Direito Penal Juvenil".

---

[17] BATISTA, Nilo. *Introdução crítica ao direito penal brasileiro.* Rio de Janeiro: Revan, 1990. p. 50-51.
[18] Idem.

Esta análise crítica é decorrente das importantes contribuições oferecidas pela Criminologia Crítica que sempre advertiu sobre os riscos epistemológicos da aceitação rápida de medidas emergenciais e extraordinárias que são propostas em relação às "urgências" ditadas pelas hegemonias político-econômicas.

E, assim, nesta toada, pretende-se admitir a existência de um suposto "Direito Penal Juvenil", na área jurídico-legal destinada à proteção da infância e da adolescência, presumindo-se a adequação teórica e pragmática de institutos jurídico-penais, que, para além do objetivo de limitar a intervenção estatal repressivo-punitiva, orientam-se pela criminalização seletiva de comportamentos, pessoas e segmentos sociais.

A preocupação residual com as importantes contribuições da Criminologia Crítica é a centralidade de seu objeto de estudo, qual seja: o Direito Penal; e, que, aqui, na área jurídico-legal protetiva pertinente à infância e à adolescência poderia sugerir a existência de um "Direito Penal Juvenil" a ser criticamente analisado.

Na verdade, o que importa aqui são as importantes contribuições multidisciplinares para que se possa ter a mais ampla compreensão do fenômeno da violência social urbana em que haja envolvimento de criança e/ou de adolescente.

Contudo, é importante dizer que não existe na área jurídico-legal infanto-adolescente o pretendido "Direito Penal Juvenil", nem normativa e nem político-ideologicamente, obliterando-se, assim, qualquer possibilidade de reconhecimento de sua validade teórico-pragmática, por vezes, pleiteada através da utilização indevida de alguns institutos jurídico-penais, que, sequer têm o condão de confirmar a sua e adequabilidade resolutiva.

O Direito da Criança e do Adolescente surge sob o signo da humanidade e da negação das práticas supressivas das liberdades substanciais que ofendem o regime democrático, cujas pretensões teórico-pragmáticas meramente cooptativas apenas se destinam a autorizações interventivas de viés repressivo-punitivo – como, por exemplo, a ressocialização (reintegração) penal.

A partir da orientação fundamental estabelecida nos arts. 227 e 228 da Constituição da República de 1988, quando não através de previsão estatutária que revogou expressamente as legislações contrárias[19], não se afigura mais possível admitir a utilização de expedientes *jurídico-penais*, ainda, que, *juvenil*, para a resolução adequada de questões pertinentes à criança e ao adolescente.

Logo, não se tem qualquer possibilidade de identificar através da matriz epistemológica penal, seja qual for o expediente interpretativo, qualquer possibilidade de asseguramento ou efetivação dos direitos individuais e das garantias fundamentais afetas à criança e ao adolescente.

Certamente, o *direito penal juvenil* não tem essa objetividade, pois, enquanto vertente da dogmática jurídico-penal, não se destina a proteger integralmente a criança e ou o adolescente nas hipóteses em que lhes são atribuídas a prática de ato infracional.

Para o César Barros Leal[20], no "plano del adolescente infractor, el Estatuto ha innvocado con la doctrina de la protección integral y la incorporación de un modelo de responsabilidad penal juvenil fundado en los principios del garantismo, que tiene en Ferrajoli su principal teórico".

Desta maneira, torna-se interdito reconhecer um suposto *direito penal juvenil*, no interior do Sistema de Justiça Infanto-Juvenil, pois é absolutamente incompatível com os princípios, fundamentos e objetivos constitucional e estatutariamente estabelecidos sob a orientação humanitária oferecida pela *doutrina da proteção integral*.

Paulo Queiroz[21] afirma que "dentro de um rol prefixado de possibilidades" deveria ser permitida uma maior liberdade de decisão, facultando-se, assim, "optar por aquela menos injusta e menos inadequada para o caso concreto, sem prejuízo das garantias constitucionais. [...] o Estatuto da Criança e do Adolescente poderia ser uma fonte inspiradora importante".

---

[19] BRASIL, Lei n. 8.069, de 13 de julho de 1990. Estatuto da Criança e do Adolescente. Art. 267. Revogam-se as Leis n. 4.513, de 1964, e 6.697, de 10 de outubro de 1979 (Código de Menores), e as demais disposições em contrário.
[20] LEAL, César Barros. La justicia de menores en Brasil y el sistema garantista: la edad de la responsabilidad penal. *In* PIERANGELI, José Henrique e SILVEIRA, Solange (coords.). *Direito penal e processual penal*: estudos em homenagem ao Prof. Paulo Cláudio Tovo. Porto Alegre: Sapiens, 2010. p. 311-341.
[21] QUEIROZ, Paulo. *Funções do direito penal*: legitimação *versus* deslegitimação do sistema penal. 2. ed. São Paulo: Revista dos Tribunais, 2005. p. 126.

O Direito da Criança e do Adolescente pode oferecer contribuições resolutivas humanitárias, e, assim, colaborar para que a tutela jurisdicional então prestada no interior do Sistema de Justiça Penal possa ser cada vez mais adequada ao princípio fundamental da dignidade da pessoa humana.

O adolescente a quem se atribui a prática de uma conduta conflitante com a lei, por isso mesmo, deve ser salvaguardado de toda e qualquer intervenção estatal de cunho repressivo-punitivo.

Exemplo disto é o que se encontra disposto no § 1º do art. 112 da Lei n. 8.069/90, segundo o qual, toda e qualquer medida a ser judicialmente aplicada ao adolescente deverá levar em conta a sua capacidade de cumpri-la, para além é certo das circunstâncias fáticas e condições pessoais, bem como da gravidade da infração.

Na verdade, o movimento epistemológico que se desenvolve hoje é precisamente o inverso, vale dizer, é justamente as orientações humanitárias consolidadas na *doutrina da proteção integral* que têm servido para tornar, cada vez mais adequadas, as resoluções oferecidas no âmbito do Sistema de Justiça Penal.

5. SINASE

Nenhuma lei foi criada para ser eterna! O mundo se modifica a partir da educação que proporciona conhecimentos até então não experimentados. Novos conhecimentos estabelecem novas metas, enfim, novas necessidades. Por isso, toda e qualquer regulamentação das relações pessoais e sociais deve acompanhar as conquistas e avanços civilizatórios. Entretanto, isto não quer dizer que as legislações devam ser reféns de acontecimentos pontuais, senão, de ilusórias emergências intencionalmente criadas por interesses nem sempre confessáveis. Na atual quadra do desenvolvimento social, o Estatuto da Criança e do Adolescente jamais poderia ter sido modificado, como já o foi recentemente através da malsinada e assim denominada "Lei Nacional da Adoção".

Essa nova legislação – Lei n. 12.010, 3 de agosto de 2009 – possui péssima técnica legislativa, e, de igual sorte, sofrível acerca do conteúdo significativo (protetivo, humanitário, prioritário, etc.) que possa efetivamente melhorar a qualidade de vida individual, familiar e comunitária da criança e do adolescente. Ademais, o texto da "Lei Nacional da Adoção", ao ser incorporado no Estatuto, gerou inúmeras impropriedades nos sistemas vinculados e harmonicamente estabelecidos na originária elaboração estatutária.

Senão, que, a adoção indiscutivelmente não se constitui na única ou mais adequada medida legal a ser preferencialmente aplicada para o exercício pleno do direito fundamental à convivência familiar e comunitária. Pois, como se sabe, a prioridade é a preservação dos vínculos familiares originários, e, o apoio institucional à família para criar, educar e assistir seus filhos – consoante dispõe os arts. 227 e 229 da Constituição da República de 1988; e, o art. 19 e seguintes da Lei n. 8.069/90.

Na verdade, o Estatuto da Criança e do Adolescente precisa ser muito mais conhecido por todos aqueles que trabalham direta e indiretamente com crianças e adolescentes; senão, que, deveria ser amplamente divulgado nos meios políticos, econômicos, sociais, educacionais, esportivos, tecnológicos, dentre outros.

Através da ampla mobilização da opinião pública seria muito mais adequado a implementação de interpretações integrativas dos conteúdos normativos das regras estatutárias com a realidade da vida do mundo vivido por crianças, adolescentes e seus respectivos núcleos familiares.

Pois, somente assim seria possível uma mudança radical – principalmente, nesses "tempos sombrios"[22] da vida pública brasileira – no comportamento das pessoas que ocupam os lugares privilegiados para a tomada de decisões que propiciem o desenvolvimento civilizatório e humanitário.

O Estatuto não precisa ser reformulado, precisa, sim, ser conhecido e interpretado, em prol da formação democrática e responsável da criança e do adolescente.

Mas, como se sabe, refletir e pensar são atitudes pessoais muito pouco adotadas, senão, permitidas, nos lugares privilegiados para o exercício da palavra e da ação[23]; como, por exemplo, o são: a família, a escola, a universidade, as instituições e organismos públicos, a empresa particular, o congresso nacional, as casas legislativas, dentre tantos outros lugares que deveriam, sim, privilegiar não são a palavra, mas, principalmente, a ação reflexiva séria, respeitosa, responsável e socialmente consequente, destinada a tomada de decisões acerca dos interesses públicos.

No Congresso Nacional, tramitou projeto de Lei denominado de Sistema Nacional Socioeducativo (SINASE), cuja finalidade é a de regulamentar o cumprimento das medidas socioeducativas judicialmente aplicadas aos adolescentes.

O mencionado projeto teve origem em uma proposição antiga e similar à Lei de Execução Penal brasileira; contudo, uma vez rechaçada pela sociedade civil e organismos associativos e técnico-sociais – como, por exemplo, a Associação Brasileira de Magistrados, Promotores de Justiça e Defensores da Infância e da Juventude (ABMP) – foi agora, encaminhado como projeto de Lei pela Presidência da República.

[22] ARENDT, Hannah. *Homens em tempos sombrios*. São Paulo: Companhia das Letras, 1999.
[23] ARENDT, Hannah. *A condição humana*. 8ª ed. Rio de Janeiro: Forense Universitária, 1997.

Em decorrência disto, adveio a Lei n. 12.594 de 18 de janeiro de 2012 – então denominada Lei do SINASE –, na qual é possível verificar diversas categorias e instituições pertinentes à vertente político-ideológica claramente penal, vale dizer, encontra sua orientação epistêmico-ideológica no que se entende por *direito penal juvenil*[24].

Na verdade, o que se busca através do Sistema Nacional Socioeducativo (SINASE) é a administrativização do Direito da Criança e do Adolescente, uma vez que cuida da procedimentalização do cumprimento da medida socioeducativa judicialmente aplicada.

Por isso mesmo, os dirigentes de entidades aprovam a adoção de tais regras, que, no fundo, apenas regulamentam as atividades administrativas e não judiciais do cumprimento das medidas socioeducativas; como, por exemplo, a composição do quadro de pessoal, a constituição e manutenção de equipes interprofissionais, as regulamentações sobre o funcionamento dos equipamentos de atendimento, dentre outras.

Não fosse isso, através da supramencionada legislação – Lei do SINASE – também pretende-se fomentar a *municipalização* do cumprimento das medidas socioeducativas em meio aberto que foram judicialmente aplicadas, o que certamente onerará indevidamente os Municípios.

Pois, os termos de cooperação que se estabelecerem para tal desiderato, por certo, não terão força de lei para assegurar a manutenção dos programas e políticas de atendimento municipal sem que existam efetivamente os repasses de verba tanto do Estado-membro, quanto da União.

Os Municípios, agora, também serão responsáveis pela criação, desenvolvimento e manutenção dos programas de atendimento destinados ao acompanhamento do cumprimento das medidas socioeducativas "de meio aberto", quais sejam de prestação de serviços à comunidade e de liberdade assistida[25].

---

[24] LEAL, César Barros. *Op. cit.* O Autor conclui dizendo que "prevalece el entendido de que debe ser revisto puntualmente y que una legislación específica enfoque el proceso de ejecución de las medidas socioeducativas, de nítido carácter sancionatorio".
[25] RAMIDOFF, Mário Luiz. *Sistema Nacional de Atendimento Socioeducativo – SINASE*: comentários à Lei 12.594/2012. 2. ed. São Paulo: Saraiva. 2017. p. 27 e 28.

Como já se tem afirmado, aos "Municípios competem a formulação, instituição, coordenação e manutenção de seus respectivos Sistemas de Atendimento Socioeducativo, os quais deverão formular suas normativas levando em conta as diretrizes estabelecidas não só pela União, mas, também, pelos respectivos Estados"[26].

E, assim, "os Municípios deverão elaborar os seus respectivos Planos de Atendimento Socioeducativo a serem deliberados e aprovados pelos correspondentes Conselhos Municipais dos Direitos da Criança e do Adolescente, em linha com os ditames orientativos e proposicionais estabelecidos no Plano Nacional e nos respectivos Planos Estaduais de Atendimento Socioeducativo"[27].

A falta de manutenção material e pessoal dos programas de atendimento socioeducativos, indubitavelmente, ensejará o não cumprimento das medidas legais judicialmente aplicadas pelos próprios adolescentes, os quais, no final das contas, serão os únicos responsabilizados pela falta de estrutura e funcionamento adequado dos equipamentos.

A procedimentalização do cumprimento das medidas socioeducativas, na verdade, deveria ser estabelecida nos programas de atendimento a serem estabelecidos pelas políticas de atendimento, senão, principalmente, através de Resoluções específicas emitidas pelo Conselho Nacional dos Direitos da Criança e do Adolescente (CONANDA).

Pois, como se sabe, o Conselho Nacional dos Direitos da Criança e do Adolescente (CONANDA) é o órgão responsável pela formulação das políticas públicas – sociais, de atendimento, e, também, socioeducativos – que se destinam à efetivação dos direitos individuais e das garantias fundamentais afetos à criança e ao adolescente.

Senão, é o que já fez ao regulamentar a criação, manutenção e o funcionamento dos Conselhos Tutelares e dos Conselhos dos Direitos da Criança e do Adolescente, recentemente. O Conselho Nacional dos Direitos da Criança e do Adolescente (CONANDA) também passaria ter maior visibilidade social e dizibilidade política, na defesa e promoção dos interesses indisponíveis, dos direitos individuais e das garantias fundamentais especificamente destinados à criança e ao adolescente.

---

[26] RAMIDOFF, Mário Luiz. *Op.cit.*
[27] Idem.

6. Redução da Idade de Maioridade Penal

Não é de hoje que a discussão acerca da redução da idade de maioridade penal se destaca nas pautas públicas e sociais. A evolução civilizatória e humanitária tem proporcionado às pessoas, de maneira geral, uma maior facilidade de acesso às informações. Crianças e adolescentes cotidianamente são estimulados a participar das vias comunicacionais que se estruturaram precisamente para o acesso facilitado às inúmeras informações, que, nem sempre são indicáveis.

A sofisticação dos meios de comunicação, contudo, não tem oferecido idêntico desenvolvimento qualitativo ao ser humano, em razão mesmo das informações que são divulgadas. Entretanto, a facilidade de acesso às inúmeras espécies de informações tem gerado uma falsa compreensão de que o conhecimento angariado através de tais informações poderia ensejar uma educação de boa qualidade.

Porém, não se pode pressupor que o acesso indiferenciado a inúmeras espécies de informações possa efetivamente proporcionar tal educação.

A educação, sim, constitui-se num instrumental importantíssimo para a formação e desenvolvimento da personalidade humana.

Entretanto, é o conteúdo pedagógico difundindo pela educação que estabelecerá referenciais à criança e ao adolescente para que, no momento oportuno, possam servir de nortes orientativos para as suas tomadas de decisão.

A criança e o adolescente estabeleceram variadas relações de poder, nas quais deverão assumir diferentes compromissos e responsabilidade por suas decisões. O que se espera é que através da educação, enfim, da formação pessoal, se torne possível o autocontrole e a conscientização de seus comportamentos e decisões, as quais deverão ser socialmente consequentes.

A criança e o adolescente, assim, deverão ser educados para adoção de comportamentos consequentes socialmente, isto é, respeitosos aos valores democraticamente consagrados, e, responsáveis pela emancipação pessoal-subjetiva e social, vale dizer, pela melhoria da qualidade de vida pessoa e comunitária.

A *maturidade* é resultante do desenvolvimento humano a ser minimamente alcançado para que seja possível reconhecer que pessoal e socialmente a criança se tornou adolescente, e, então, adulto.

Por isso mesmo, afigura-se fundamental não confundir *discernimento* com *maturidade*. Pois, a *maturidade* exige tempo necessário para que a pessoa possa desenvolver seu senso de equilíbrio e prudência exigíveis à convivência responsável e socialmente consequente.

O *discernimento* é a capacidade pessoal de realizar associações diferenciadas destinadas a avaliações e julgamentos circunstanciais diante de um evento próximo. Diversamente, a *maturidade* apesar de contemplar esta fase do desenvolvimento humano, também, proporciona à pessoa a construção de limites pessoais e sociais.

E isto se opera através do controle autônomo pela própria pessoa de seus instintos dirigidos a objetivos específicos e de seus impulsos (pulsões), vale dizer, de seus inúmeros desejos.

Eis, pois, a passagem pessoal e social do sujeito do desejo ao âmbito da subjetividade jurídica, vale dizer, ao *status* jurídico-legal atribuído ao sujeito de direito.

O que se busca através da educação é a formação do sujeito de direito infanto-juvenil. Pois, assim, a criança e o adolescente, para além de discernimento, também, construam limites pessoais e percebam as restrições sociais aos seus instintos e pulsões.

Desta maneira, é possível proporcionar através da educação o estabelecimento de referenciais que sirvam para orientação e autocontrole.

O autocontrole permite a tomada de decisão acerca das questões relacionadas aos direitos e deveres, e, a isto se denomina *maturidade*.

A criança que se tornará adolescente, e, por conseguinte, adulta, depende da construção pessoal e social desses referenciais, pois, somente assim será possível alcançar autonomia necessária para se conduzir de forma responsável e consequente.

Entretanto, é precisamente o que não possuem as crianças e adolescentes, aos quais devem ser garantidos os períodos de tempo necessários para tal desiderato.

Vale dizer, é preciso assegurar a infância e a adolescência para que seja possível a construção dos limites e dos referenciais pessoais e sociais através da educação (formação) da criança e do adolescente. Em face disto, não se afigura plausível penal, social e muito menos educacional (pedagógico-formativo pessoal) proposições que intentem a redução da idade de maioridade penal.

Pois, tais proposições, na prática, apenas antecipam os processos de criminalização secundária àquelas pessoas, que, precisamente, por se encontrarem na condição humana peculiar de desenvolvimento – art. 6º da Lei n. 8.069/90 –, sem dúvida alguma se tornam mais suscetíveis (vulneráveis) a incriminações.

Não fosse isto, pelo menos o sistema prisional brasileiro, em crise, senão, absolutamente, falido, não tem capacidade técnica (metodológica) para comportar física (organizacional e estruturalmente), muito menos administrativa (material e pessoal, através de servidores capacitados permanentemente).

Por isso mesmo, o sistema prisional brasileiro, sequer, tem condições mínimas, para assumir atribuição socioeducativa (função pública), a qual deve ser extremamente adequada (diferenciada por seu viés protetivo-humanitário) para o acompanhamento do cumprimento das medidas legais – socioeducativas e protetivas especiais – judicialmente aplicáveis.

Neste sentido, César Barros Leal[28] tem defendido a idéia de que a redução da idade de maioridade penal se "constituiría una victoria del anacronismo, un retroceso descomunal, en la medida que el adolescente infractor pasaría de la condición de victimario a la de víctima".

Toda e qualquer experiência totalizante não se coaduna com a *doutrina da proteção integral*, segundo a qual a privação da liberdade é excepcional e breve – segundo o art. 121 da Lei n. 8.069/90 (*a internação constitui medida privativa da liberdade, sujeita aos princípios de brevidade, excepcionalidade e respeito à condição peculiar de pessoa em desenvolvimento*).

---

[28] LEAL, César Barros. *Op. cit.* O Autor adverte que é preciso "concientizar a la gente que la proposición de bajar la edad es un engaño y no puede ser esgrimida como respuesta a las dificultades de implantación del Estatuto, Además de eso, no supondría ningún beneficio, a corto, medio o largo plazo, ni para la sociedad ni para la víctima, ni para el autor de la acción delictiva".

Com efeito, observe-se que a evolução do pensamento penal tem determinado que a privação da liberdade por períodos curtos sempre que possível deve ser evitada. As medidas privativas de liberdade com curta duração devem ser substituídas por medidas restritivas de direito, com o intuito de evitar ao máximo os processos de estigmatização daqueles que passam pela institucionalização total, e, experimentam os efeitos deletérios da prisionização[29].

A redução da idade de maioridade penal se constitui, assim, numa contradição em si, pois as medidas socioeducativas privativas de liberdade devem ser *breves*, isto é, de curta duração, sob pena de tão-somente se destinarem à estigmatização pura e simples dos jovens.

A *medida socioeducativa de internação* não é a única medida legal a ser aplicada, e, muito menos, a que oferece maior, ou melhor, eficácia para a resolução adequada dos casos concretos que envolvem o julgamento de um adolescente a quem se atribui a prática de ato infracional. A medida legal seja específica de proteção seja socioeducativa deve também ter por objetivo o rompimento dos círculos de violência em que se encontra a criança ou o adolescente que praticou um ato infracional. Não se pode olvidar que a idade de maioridade penal democraticamente estabelecida no art. 228 da Constituição da República de 1988 constitui-se num direito individual, de cunho fundamental.

A não redução da idade de maioridade penal não pode ser singelamente identificada com a pseudo-ideia de "impunidade". A "impunidade" é um sentimento culturalmente difundido pela opinião pública(da) ou, diversamente, é uma constatação empírica – utilitarista-funcional-pragmática – que apenas se presta a autorizar (legitimar e justificar) a intervenção estatal repressivo-punitiva que insofismavelmente apenas se destina ao controle social de pessoas e segmentos sociais excluídos, vale dizer, expulsos socialmente?

No entanto, uma coisa é certa: a responsabilização diferenciada que se realiza através da determinação judicial do cumprimento de medidas legais – protetivas e socioeducativas – não se coaduna com "impunidade" seja ela qual for!

---

[29] NEDEL, Christian. *Op. cit.* O Autor observa que "mesmo que devam ser aplicadas excepcionalmente e pelo menor tempo possível, as medidas têm evidente caráter retributivo e aflitivo para os adeptos dessa corrente, afirmando que elas, por serem restritivas de direitos, inclusive da liberdade, terão sempre caráter penal".

O adolescente a quem se atribui a prática de ação conflitante com a lei (ato infracional), então, levada a cabo, mediante grave ameaça ou violência contra a pessoa, pode ser responsabilizado de forma diferenciada, através de medida socioeducativa, com privação de liberdade (semiliberdade ou internação). A internação, enquanto medida socioeducativa, pode ser judicialmente determinada, em até três (3) anos – consoante determina o art. 121 da Lei n. 8.069/90 (Estatuto da Criança e do Adolescente).

Contudo, após o cumprimento da internação o adolescente ainda poderá ser vinculado a outras medidas socioeducativas – como, por exemplo, liberdade assistida, e, mesmo, a semiliberdade, através da qual permanece parcialmente privado de liberdade – até os vinte e um (21) anos de idade, nos termos do que dispõe o Estatuto da Criança e do Adolescente.

Em relação ao adulto (agente) que corrompe ou facilita a corrupção de adolescente, com ele praticando infração penal ou induzindo-o a praticá-la, responderá criminalmente pela prática do crime de "corrupção de menores" previsto no art. 244-B da Lei n. 8.069/90 (Estatuto da Criança e do Adolescente), para além é certo da responsabilização penal pelo crime, então, perpetrado.

As penas, ainda, são aumentadas de um terço (1/3) no caso de a infração penal (crime) cometida ou induzida estiver incluída no rol dos "crimes hediondos" (Lei n. 8.072/90).

Logo, é fácil perceber que não existe impunidade, mas, sim, absoluta falta de informações e de conhecimento tanto acerca dos institutos elementares do Direito Penal, quanto do propriamente dito Direito da Criança e do Adolescente, então, estabelecido constitucional (arts. 227 e 228 da Constituição da República de 1988) e estatutariamente (Lei n. 8.069/90).

O equívoco da opinião pública(da) e do senso comum – principalmente, técnico-jurídico – tem lamentavelmente sugerido o recrudescimento de medidas legais a partir de casos pontuais, selecionados e arbitrariamente interpretados (ideologicamente) que a tudo justificam; senão, por mais esta vez, pela redução da idade de maioridade penal.

Daí, pois, a necessária e permanente reflexão – lei de fluxo e refluxo, segundo Sérgio Buarque de Holanda[30] – acerca da dimensão ética e política das opções legislativas que invariavelmente atendem a interesses nem sempre confessáveis.

Enfim, duvida-se, hoje, diante de tais proposições, se realmente o ser humano evolui eticamente ou apenas sofisticou a barbárie, que, aqui, de forma espetacular, através de proposições legislativas "popularescas" que transformam o sofrimento pessoal e ou social em fundamento bastante para o afastamento das liberdades públicas, isto é, a relativização dos direitos individuais e das garantias fundamentais.

Essas liberdades públicas que histórica e culturalmente foram consolidadas com sacrifícios, duras lutas e através da manutenção democrática de conquistas civilizatórias e humanitárias, por isso mesmo, devem servir de parâmetros limitativos à sanha repressivo-punitivista que, nestes tempos sombrios, segundo Hanna Arendt, pretende autorizar e justificar a adoção – senão, mesmo, a expansão ("panpenalismo") – do que se denominou de "Direito Penal do Terror", como sempre advertiu René Ariel Dotti[31].

De acordo com o Autor, a "partir dos anos 90 o legislador criminal brasileiro assumiu o papel de construtor do sistema penal em sacrifício de princípios e garantias constitucionais e legais que, pouco a pouco foram sendo atropelados pelo trator da legislação de pânico. Para esse quadro de comoção provocada por algumas modalidades de crimes graves, contribuíram decisivamente os meios de comunicação com o discurso sensacionalista".

A experiência nesses últimos 50 anos pós-ditadura militar tem demonstrado que a mudança teórico-pragmática em prol dos direitos humanos, cujo corolário é o respeito à dignidade da pessoa, constitui-se num expediente eficaz para a não reprodução da violência – principalmente, a de característica estrutural, como, por exemplo, a corrupção, a fome, a miséria, etc. –, e, portanto, muito mais socialmente consequente do que as "soluções mágicas" propostas pelo "Direito Penal do Terror".

---

[30] HOLANDA, Sérgio Buarque. *Raízes do Brasil*. 3. ed. São Paulo: Companhia das Letras. 1997. p. 186.
[31] DOTTI, René Ariel. *Curso de direito penal*. Parte Geral. 3. ed. São Paulo: Revista dos Tribunais. 2010. p. 90-91.

Enfim, todas essas propostas de redução da idade de maioridade penal guardam, sim, profunda relação cultural com o período não só ditatorial, mas, também, pós-ditadura militar, pois, como síndromes – sinais/sintomas – são determinadas pelo (pres)sentimento de resolução de questão extremamente complexa através da pura e simples eliminação do "Outro", isto é, pelo apagamento da inscrição subjetiva (violência) determinado pela intervenção estatal repressivo-punitiva.

Só por isso, não se pode sequer admitir a possibilidade de retrocesso, em nome mesmo da cidadania infanto-juvenil, senão, principalmente, para salvaguarda do regime democrático (Constitucional) e do Estado de Direito, pelos quais se deve orientar não só o Estado (Gestores Públicos), mas, também, a Sociedade (Comunidades).

A perspectiva pragmático-utilitarista acerca da "impunidade" sempre arbitrariamente dotou de sentido essa expressão para assim intencionalmente determinar a eliminação de pessoas e grupo de pessoas, com proposições individualistas (vingança privada), institucionais (vingança pública) e políticas (supostas funções e finalidades das sanções), que, certamente, dariam inveja aos mais cruéis dos algozes historicamente identificados.

A criança e o adolescente antes mesmo de serem simplesmente eliminados – expulsos socialmente da espacialidade pública da palavra e da ação (família, escola e, principalmente, orçamento) – pessoal e comunitariamente, deveriam ser desde cedo contemplados, de forma respeitosa e responsável, por políticas sociais públicas específicas que assegurassem também apoio institucional aos seus respectivos núcleos familiares.

Dessa maneira, esses raros casos pontuais – que não chegam a 8% (oito por cento) da violência social urbana, conforme dados do Conselho Nacional dos Direitos da Criança e do Adolescente (CONANDA) – certamente serão evitados. De outro lado, não se acredita que a responsabilização penal tenha idêntico condão; senão, que, apenas poderá satisfazer o sentimento vil de vingança que pode até embebedar os sedentos de sangue, mas, que, no mínimo, envergonha profundamente todo aquele que se orienta pelas conquistas civilizatórias e por valores humanitários duramente alcançados e que consagram o regime democrático.

A não responsabilização penal do adolescente a quem se atribui a prática de conduta conflitante com a lei, isto é, a inimputabilidade penal, não pode se confundir com impunidade.

A responsabilização diferenciada do adolescente através de medidas legais – protetivas e ou socioeducativas –, não só é muito mais eficaz que as sanções penais, mas, também, são judicialmente determinadas e executivamente acompanhadas com muito mais adequabilidade do que no âmbito penal.

O sentimento de impunidade, hoje, está muito mais fortemente vinculado ao desejo de vingança – pública ou privada – através do qual se intenta determinar dor, sofrimento e extermínio ao adolescente a quem se atribuiu a prática de conduta conflitante com a lei.

A redução da idade de maioridade penal pode ser analisada a partir das perspectivas sócio-políticas, jurídico-legais, psicológica(s), ideológica, cultural, dentre tantas outras visões de mundo tecnicamente fundamentadas ou não, pelo que, não há verdadeiramente uma opção absolutamente correta de uma questões historicamente complexa.

Contudo, a opção que se tiver de adotar deve necessariamente levar em conta os avanços civilizatórios e humanitários que se constituem, sim, em impedimentos ao retrocesso, à violência, ao amadorismo, enfim, a toda sorte de barbárie, o que por si só já justificaria a não redução da idade de maioridade penal como uma das expressões mais significativas do regime democrático (político-social).

Por isso, a idade de 18 (dezoito) anos enquanto direito individual não pode ser objeto de alteração, pois se trata de "cláusula pétrea", nos termos do inc. IV, do § 4º, do art. 60, da Constituição da República de 1988.

Ademais, tem-se que o Brasil é signatário da Convenção Internacional sobre os Direitos da Criança, de 20 de novembro de 1989, a qual, por isso mesmo, constitui-se em fonte de lei, nos termos do art. 5º, § 2º, *in fine*, da Constituição da República de 1988.

7. Responsabilização Diferenciada

A responsabilização *diferenciada* de criança ou adolescente a quem se atribua a prática de ato infracional, certamente, distingue-se da *penal* ainda que adaptada a um suposto *direito penal juvenil.*

A responsabilização *diferenciada* se realiza através da aplicação de medidas específicas de proteção, nas hipóteses em que a criança pratique um ato infracional – consoante a combinação dos arts. 98, 101, 105, e 136, inc. I, todos do Estatuto da Criança e do Adolescente –; enquanto, que, ao adolescente, em tais hipóteses, não só se aplicam essas medidas legais, mas, também, as socioeducativas – conforme dispõe os arts. 104 e 112 da Lei n. 8.069/90.

A não aceitação teórico-pragmática da responsabilização *penal* infanto-juvenil, por isso mesmo, é consequência direta da própria negação da existência de um suposto *direito penal juvenil* no interior do Estatuto da Criança e do Adolescente.

O suposto *direito penal juvenil* não se constitui numa adequada matriz resolutiva para os casos que envolvem interesses indisponíveis, direitos individuais e garantias fundamentais afetos à criança e ao adolescente a quem se atribua a prática de ato infracional.

É *responsabilização*, pois, na verdade, o que se realiza é um processo de atribuição dos deveres sociais e educativos – nos termos do que dispõe o art. 6º do Estatuto[32] – através de estratégias pedagógicas; e, não, diversamente, uma qualidade inerente à personalidade da criança ou do adolescente a ser identificada e obliterada repressivo-punitivamente.

É *diferenciada*, pois, é possível a aplicação de medidas legais distintas precisamente para serem adequadas para cada um daqueles sujeitos de direito.

Assim, nas hipóteses em que à *criança* for atribuída a prática de ato infracional, é o *Conselho Tutelar* que possui *atribuição legal* para aplicação tão-somente de *medidas específicas de proteção.*

---

[32] BRASIL, Lei n. 8.069, 13 de julho de 1990. Estatuto da Criança e do Adolescente.
Art. 6º. Na interpretação desta Lei levar-se-ão em conta os fins sociais a que ela se dirige, as exigências do bem comum, os direitos e deveres individuais e coletivos, e a condição peculiar da criança e do adolescente como pessoas em desenvolvimento.

Diversamente, nas hipóteses em que for o *adolescente*, a *competência* é do Juiz de Direito, o qual pode através do devido processo legal – estatutário-infracional – aplicar tanto as *medidas específicas de proteção*, quanto as *socioeducativas*, inclusive, cumulativamente. Portanto, ao se consignar as expressões *responsabilização diferenciada*, tem-se a nítida intenção de ressalvar a possibilidade de aplicação de medidas legais adequadas a cada caso concreto. Para crianças *responsabilização protetiva*, enquanto que para adolescentes a *responsabilização* tanto pode ser *protetiva* quanto *socioeducativa*.

Entretanto, diz-se precisamente *diferenciada*, com o intuito de que seja um processo de responsabilização absolutamente distinto daqueles que tenham bases epistemológicas no Direito Penal, ainda, que, pretensamente *juvenil*. A *responsabilização diferenciada*, assim, prende-se ao fato de que se deve sempre ter presente a ideia dos processos de formação pessoal e social. É, precisamente, através desses processos, que serão estabelecidas as limitações adequadas e necessárias a crianças e adolescentes.

Logo, não é legitimamente possível admitir que se identifique a equivocada percepção de que a responsabilidade diferenciada da criança ou adolescente a quem se atribua a pratica de ato infracional possa significar, senão, mesmo, redundar em *impunidade*!

O intuito precípuo é o de romper os círculos de violências – por vezes, estruturais, como, por exemplo, a miséria, a fome, dentre outros – em que se encontram crianças e adolescentes, no Brasil, e, que, sintomatologicamente, muito provavelmente sinalizam através da prática de atos infracionais. Como já se pontuou, "A compreensão para o enfrentamento das inúmeras e diferenciadas espécies de ameaças e de violências – por vezes endêmicas, como, por exemplo, a corrupção – aos direitos fundamentais afetos à infância e à juventude, perpassa não só pela análise de suas 'origens e teorias', mas, também, pela elaboração de estudos e pesquisas acerca das reais condições de vida experimentadas pela população infanto-juvenil brasileira. Por isso, é fundamental a participação popular nas discussões acerca da formulação da 'Lei de Diretrizes Orçamentárias', bem como do 'Plano Plurianual' e da 'Lei Orçamentária Anual'"[33].

---

[33] RAMIDOFF, Mário Luiz. *Custo do não investimento na infância e na juventude*. De Jure: revista jurídica do Ministério Público do Estado de Minas Gerais, Belo Horizonte, n. 11, p. 92-96, jul./dez. 2008.

É, por isso, que, para além de uma teoria jurídica da responsabilização diferenciada, impõe-se a construção de uma "interpretação protetiva", de viés humanitário, para a aplicação adequada de medidas legais – específicas de proteção e ou socioeducativas – consoante as reais necessidades pessoais e sociais da criança e do adolescente a quem se atribui a prática de ato infracional.

A capacidade de cumprimento da medida socioeducativa a ser judicialmente aplicada, e, que se encontra prevista no § 1º do art. 112 da Lei n. 8.069/90, constitui-se num critério normativo que orienta a devida adequação a ser levada a cabo na "interpretação protetiva".

Até porque, afigura-se completamente incompatível as soluções repressivo-punitivas oferecidas pelo Direito Penal – ainda, que, *juvenil* – como forma de educação, na perspectiva socioeducativa. Senão, principalmente, em relação aos adolescentes com sofrimento mental grave, aos quais se destinaria invariavelmente o atendimento hospitalicêntrico, através de institucionalizações totais.

Nos termos do § 3º do art. 112 da Lei n. 8.069/90, o adolescente que apresentar sofrimento mental grave deverá receber "tratamento individualizado e especializado, em local adequado às suas condições", como, por exemplo, nos Centros de Atenção Psicossocial Infantil ou para tratamento de Álcool e Drogas – respectivamente CAPSi e CAPSad.

No entanto, tendo-se em conta a redemocratização das relações sociais que também se operou na área da psicologia, no Brasil, deve-se evitar ao máximo toda e qualquer espécie de institucionalização.

A novel Lei n. 12.852/2013, então, denominada de Estatuto da Juventude, também, contempla similar regulamentação acerca do atendimento integral à saúde do jovem, dispondo, que, as pessoas com idade entre 15 e 29 anos têm "direito à saúde e à qualidade de vida, considerando suas especificidades na dimensão da prevenção, promoção, proteção e recuperação da saúde de forma integral" (art. 19).

Em destaque, observa-se que a legislação especial supramencionada incentiva a articulação das instâncias de saúde e justiça na prevenção do uso e abuso de álcool, tabaco e outras drogas, inclusive esteroides anabolizantes e, especialmente, o crack, nos termos do inc. XI do 20 da Lei n. 12.852/2013.

Em decorrência disto, é possível verificar que "houve uma aproximação efetiva do Judiciário-Administração-Família e, muitas vezes, dependente, reconhecendo-se que o problema não é só de um indivíduo e que ele sozinho não conseguirá livrar-se do vício, mas que há necessidade da ação conjunta e livre de preconceitos de todos os envolvidos, de forma articulada, em rede"[34].

A institucionalização como medida preferencial atualmente se encontra dissociada dos princípios democráticos estabelecidos na área do atendimento e proteção integral da saúde mental infanto-juvenil, quais sejam: o antimanicomial e anti-hospitalicêntrico, os quais se constituem em vetores orientativos para a intervenção técnica interprofissional.

Neste sentido, Simone Fagundes Messias[35] tem advertido que a institucionalização provoca na pessoa a perda do "senso crítico, banalizando todas as situações cotidianas, criando uma apatia frente à própria vida".

E a Autora arremata ao esclarecer que a "institucionalização age de forma profunda, cerceando não somente o corpo, mas penetrando e deteriorando paulatinamente sentimentos como a emoção, sonhos, etc., ou seja, a subjetividade do indivíduo (GOFFMAN, 1974)"[36].

Com isto, procura-se evitar os lombrosianismos contemporâneos defendidos por psicólogos que cada vez mais exigem responsabilidades dos jovens; senão, também por pedagogos que só pensam em disciplinar o comportamento infanto-juvenil; bem como por juristas – que, com aportes nas máximas psicológicas (responsabilização) e pedagógicas (disciplinares) – ao programarem soluções argumentativamente lógicas a partir de expectativas deterministas, mas socialmente inconsequentes.

---

[34] LÉPORE, Paulo Eduardo; RAMIDOFF, Mário Luiz; e, ROSSATO, Luciano Alves. *Estatuto da juventude comentado – Lei n. 12.852/13*. São Paulo: Saraiva. 2014. p. 72.
[35] MESSIAS, Simone Fagundes. *Cartilha buscando direitos, encontrando soluções*. Porto Alegre: Conselho da Comunidade de Porto Alegre, 2009. p. 22.
[36] Idem.

8. Ato Infracional

Ato infracional não se constitui em um pressuposto legalmente previsto para aplicação de sanções penais, uma vez que o pressuposto legal para tal desiderato é o crime devidamente comprovado através dos meios de prova, em Direito, admitido.

O art. 103 da Lei n. 8.069/90 (Estatuto da Criança e do Adolescente) assemelha normativamente o ato infracional à *conduta* descrita como crime, e, não propriamente o crime.

A elaboração legislativa do art. 103 da Lei n. 8.069/90 (Estatuto da Criança e do Adolescente), que, por economia legislativa, não descreveu as possíveis condutas que poderiam configurar o elemento nuclear de cada espécie de ato infracional, tem ensejado discussões acerca da natureza jurídica do ato infracional.

No entanto, o ato infracional é o pressuposto lógico-formal para a eventual aplicação de medidas específicas de proteção e ou socioeducativas ao adolescente a quem se atribui a prática de ato infracional; e, em relação à criança, em idêntica condição infracional, apenas a aplicação de medidas específicas de proteção.

Para a teoria normativa pura da culpabilidade[37], a imputabilidade penal – capacidade psíquica –, constitui-se num dos aspectos de verificação da culpabilidade, enquanto elemento estrutural do crime.

Portanto, uma vez ausente a capacidade psíquica, isto é, verificada a inimputabilidade penal, culmina por impedir o reconhecimento da própria culpabilidade.

Para Juarez Cirino dos Santos, a "estrutura do conceito de culpabilidade é constituída por um conjunto de elementos capazes de explicar porque o sujeito é reprovado: primeiro, a capacidade de culpabilidade (ou imputabilidade), excluída ou reduzida pela menoridade ou por doenças e anomalias mentais; segundo, o conhecimento do injusto, excluído ou reduzido pelo erro de proibição; e terceiro, a exigibilidade de conduta diversa, excluída ou reduzida por anormalidades configuradas nas situações de exculpação".

---

[37] SANTOS, Juarez Cirino dos. *Direito penal*: parte geral. 3. ed. Curitiba: ICPC; Lumen Juris, 2008, p. 294.

E, assim, consequentemente, uma vez não estando presente a culpabilidade enquanto elemento estrutural que dá qualidade ao injusto penal – isto é, à conduta típica e antijurídica –, por certo, não é possível reconhecer a existência de crime.

O ato infracional não se confunde com o que se entende por crime, precisamente, por faltar tanto à criança e quanto ao adolescente, capacidade psíquica para a culpabilidade.

Isto é, não se verifica presente a imputabilidade penal vinculada ao sujeito que pratica o ato infracional, pressupostamente, por não possuírem 18 (dezoito) anos de idade, nos termos do art. 228 da Constituição da República de 1988; senão, de igual maneira, no art. 27 do Código Penal brasileiro.

O instituto jurídico-legal denominado de "ato infracional", assim, é pertinente ao Direito da Criança e do Adolescente, de viés político-ideológico claramente humanitário e metodologicamente protetivo, uma vez que se orienta pelos ditames da *doutrina da proteção integral*, através da garantia da *absoluta prioridade*.

O ato infracional se insere, assim, na dimensão não só social, mas, também, (inter)pessoal tanto da criança quanto do adolescente, enquanto sintoma de suas exposições a violências.

A sintomatologia que se propõe a partir da prática do ato infracional oferece a possibilidade de identificação e compreensão dos círculos de violência – estruturais, pessoais, sociais, dentre outras – em que se encontra exposta a criança e ou o adolescente.

A intervenção estatal, por isso, deve ser tão adequada quanto complexa for a situação pessoal, familiar e social da criança ou do adolescente a quem se atribuiu a prática de ato infracional.

Assim, não se afigura apta para tal desiderato qualquer proposição resolutiva que se vincule simplesmente ao âmbito comportamental da criança ou do adolescente em conflito com a lei, senão, muito menos, toda aquela que se vincule político-ideologicamente ao viés repressivo-punitivo.

Eduardo Castro[38] pontua que "los mecanismos disciplinarios parten de un determinado modelo que ha sido establecido en función de los objetivos que se quieren alcanzar. A partir de aquí, según su mayor o menor adecuación a la norma preestabelecida, se lleva a cabo la discriminación entre lo normal y lo anormal. En el caso de los dispositivos de seguridad, en cambio, nos encontramos con un funcionamento inverso: la norma es fijada a partir de las normalidades diferenciadas, es decir, del estabelecimiento de las diferentes curvas de normalidad".

Neste sentido, é importante perceber que "a agressividade não significa sempre a dita 'delinquência', mas um momento da vida do Sujeito", segundo Alexandre Morais da Rosa[39], para quem, o adolescente como Sujeito "protagonista de um momento de passagem, sem ritos sociais de apoio, lançado aos seus próprios mitos, na eterna tentação de existir, se constituir como sujeito, numa sociedade complexa".

Para o mais, o Autor pontua que "deve-se buscar entender este possível movimento agressivo como o sintoma de que algo não vai bem e buscar construir um caminho com o outro e o Outro. Sem esperança, a agressividade é mais que esperada, mormente diante das condições sociais dos sujeitos frequentadores das Varas Criminais e da Infância e da Juventude: a pobreza". Percebe-se, assim, que a estrutura psíquica condiciona o sujeito nas suas relações com o meio, constituindo-se a adolescência, no caso do ato infracional, uma possibilidade de intervenção em Nome-do-Pai, na perspectiva de trazer o adolescente para o laço social, sabendo-se, ademais, que a maneira como será significada depende de cada singularidade do sujeito adolescente, sem que haja, portanto, uma regra universal de ouro".

Por isso mesmo, a medida legal que tiver de ser judicialmente adotada, necessariamente, deverá ter por objetivo a ruptura dos círculos de violência, nos quais crianças e adolescentes que praticaram atos infracionais encontrem-se inseridos pessoal (comportamental), familiar e comunitariamente.

---

[38] CASTRO, Eduardo. *Arqueología del poder e ideología indoeuropea*: Dumézil, Foucault, Agamben. *In* Cultura e Fé – Revista de Humanidades. Ano 32. Vol. 127. Porto Alegre: Instituto de Desenvolvimento Cultural. out./dez. 2009. p. 493-536.
[39] ROSA, Alexandre Morais. *Direito infracional*: garantismo, psicanálise e movimento antiterror. Florianópolis: Habitus. 2006. p. 110.

Eis, pois, os motivos pelos quais, entendeu-se por bem construir técnica (epistemológica), político (democrática) e ideologicamente (cultura humanitária) o instituto jurídico-protetivo denominado de *medida socioeducativa*. Bem por isso, a medida socioeducativa não pode ser confundida legal, teórica ou pragmaticamente como a sanção penal.

Para além da *medida socioeducativa*, também é possível a aplicação judicial de *medidas específicas de proteção* em relação tanto à criança, quanto ao adolescente a quem se atribua a prática de ato infracional. Com a aplicação judicial das *medidas específicas de proteção*, objetiva-se resgatar os sujeitos de direito infanto-juvenis das situações de ameaças e violências aos seus direitos e garantias fundamentais.

De igual maneira, através de tais medidas, também, intenta-se (re)estruturar a ambiência parental indispensável para o exercício do direito fundamental à convivência familiar e comunitária – nos termos do que dispõe o *caput* do art. 19 da Lei n. 8.069/90.

9. MEDIDAS SOCIOEDUCATIVAS

Como acima se disse, a *medida socioeducativa* é uma reação estatal adequada pedagogicamente às necessidades educacionais e sociais dos adolescentes que através da prática de conduta conflitante com a lei (ato infracional) sinalizaram situação de ameaça ou violência aos seus direitos individuais e ou às suas garantias fundamentais[40].

Por isso, a construção técnico-epistemológica, político-democrática e ideológico-humanitária determina que o conteúdo deva ser sempre pedagógico de toda e qualquer *medida socioeducativa* a ser judicialmente aplicada, e, assim, consequentemente, cumprida.

A *medida socioeducativa*, em decorrência disto, possui conteúdo pedagógico (educacional), orientação protetiva (direitos humanos) e especial (absoluta prioridade na efetivação dos direitos e garantias fundamentais).

A *medida socioeducativa* se constitui, assim, num expediente legislativo destinado à resolução adequada dos casos concretos que envolvam interesses indisponíveis (conflito de interesses), direitos individuais (ameaçados ou violados) e garantias fundamentais (inobservância e desrespeito) afetas ao adolescente a quem se atribua a pratica de conduta conflitante com a lei (ato infracional).

As *medidas socioeducativas* exigem a implementação orçamentária para a construção de equipamentos adequados, e, a decorrente estruturação material e pessoal – capacitação permanente – que são indispensáveis para a efetivação dos direitos individuais e das garantias fundamentais afetos ao adolescente a quem se atribui a prática de ato infracional.

O art. 4º da Lei n. 8.069/90 ao descrever a garantia da *absoluta prioridade*, destaca a "preferência na formulação e execução das políticas sociais públicas", bem como "destinação privilegiada de recursos públicos nas áreas relacionadas com a proteção à infância e à juventude". A *absoluta prioridade* se constitui num dos principais instrumentos legais (estatutário) para a construção de uma política jurídica em prol da criança e do adolescente.

---

40 RAMIDOFF, Mário Luiz. *Direitos difusos e coletivos IV*: Estatuto da criança e do adolescente. Vol. 37. São Paulo: Saraiva. 2012 (Coleção Saberes do Direito). p. 85.

Isto é, ao lado da instrumentalização operacional dos organismos estatais para o atendimento adequado da criança e do adolescente a quem se atribui a prática de ato infracional, também se procura (re)estruturar os respectivos núcleos familiares através de políticas sociais públicas de atendimento, o que se constitui em fator preponderante para a não reiteração de atos infracionais, e, o rompimento dos círculos de violência.

A Lei n. 8.069 de 13 de julho de 1990 (Estatuto da Criança e do Adolescente), prevê no seu art. 112 as *medidas socioeducativas* aplicáveis apenas ao adolescente a quem se atribuiu e comprovadamente demonstrou ter praticado ato infracional, são elas: *advertência*; *obrigação de reparar o dano*; *prestação de serviço à comunidade*; *liberdade assistida*; *inserção em regime de semiliberdade*; *internação em estabelecimento educacional*.

Além destas medidas, consoante anteriormente já havia sido destacado, existe previsão legal permissiva para aplicação judicial cumulativa das *medidas específicas de proteção* estabelecidas nos incs. I a VI do art. 101 da Lei n. 8.069/90[41].

A medida socioeducativa denominada estatutariamente de *advertência* (art. 115 da Lei n. 8.069/90) consiste numa *admoestação verbal* a ser aplicada judicialmente em audiência especificamente destinada para tal desiderato.

Nesta audiência judicial, para além dos servidores e eventuais policiais da escolta apenas deverão permanecer no recinto que lhe for destinado, o adolescente e seus pais ou responsável, bem como o Defensor, o Promotor de Justiça e o Juiz de Direito.

---

[41] BRASIL, Lei n. 8.069, de 13 de julho de 1990. Estatuto da Criança e do Adolescente.
Art. 101. Verificada qualquer das hipóteses previstas no art. 98, a autoridade competente poderá determinar, dentre outras, as seguintes medidas:
I – encaminhamento aos pais ou responsável, mediante termo de responsabilidade;
II – orientação, apoio e acompanhamento temporários;
III – matrícula e freqüência obrigatórias em estabelecimento oficial de ensino fundamental;
IV – inclusão em programa comunitário ou oficial de auxílio à família, à criança e ao adolescente;
V – requisição de tratamento médico, psicológico ou psiquiátrico, em regime hospitalar ou ambulatorial;
VI – inclusão em programa oficial ou comunitário de auxílio, orientação e tratamento a alcoólatras e toxicômanos;

A medida socioeducativa que determina a *obrigação de reparar o dano* (art. 116 da Lei n. 8.069/90), por sua vez, estabelece que o adolescente deverá *restituir a coisa*; senão, de acordo com a sua capacidade econômico-financeira, promover o *ressarcimento do dano*, bem como *compensar o prejuízo* causado à vítima. Em não sendo possível a restituição, o ressarcimento e a compensação, a medida socioeducativa poderá ser substituída por outra que se afigurar adequada.

A *prestação de serviços à comunidade* também se constitui numa medida socioeducativa, que, consiste na realização de tarefas gratuitas de interesse geral junto a entidades assistenciais, hospitalares, escolas e outras congêneres, bem como em programas comunitários ou governamentais. Contudo, por período que não seja superior a 6 (seis) meses (art. 117 da Lei n. 8.069/90). Atente-se, ainda, para o fato de que, as tarefas a serem atribuídas ao adolescente necessariamente deverão ser conformadas às suas aptidões físicas, morais, intelectuais e sociais.

Não fosse isto, a jornada semanal não deverá ser superior a 8 (oito) horas, que, poderá ser cumprida aos sábados, domingos e feriados ou em dias úteis desde que não prejudique a frequência escolar ou a jornada de trabalho do adolescente. A *liberdade assistida* se constitui na medida socioeducativa que melhor tem oferecido resultados adequados às orientações humanitárias e pedagógicas então propostas pela doutrina da proteção integral.

A medida socioeducativa da *liberdade assistida* consiste no acompanhamento, auxílio e orientação do adolescente que praticou ato infracional (art. 118 da Lei n. 8.069/90).

Para tanto, o Juiz de Direito competente deverá designar pessoa capacitada, a qual ficará encarregada de promover socialmente o adolescente e sua família; supervisionar a frequência e o aproveitamento escolar do adolescente; diligenciar para profissionalização e inserção do adolescente no mercado de trabalho; e apresentar relatório do caso.

O *regime de semiliberdade* enquanto uma das espécies de medida socioeducativa, na verdade, deve se constituir numa estratégia jurídico-protetiva a ser adotada primordialmente para evitar a privação total da liberdade do adolescente.

Por isso mesmo, a regra estatutária assevera que é possível ser aplicada *desde o início*, e, não somente como *forma de transição para o meio aberto* (art. 120 da Lei n. 8.069/90). Dessa maneira, através do *regime de semiliberdade* é possível a realização de atividades externas, independentemente, de autorização judicial; contudo, são obrigatórias a escolarização e a profissionalização.

O *regime de semiliberdade* não comporta prazo determinado, porém, sua manutenção deve ser reavaliada no máximo a cada 6 (seis) meses, e, por certo, em nenhuma hipótese, tal *regime* excederá o período de 3 (três) anos.

A medida socioeducativa da *internação* é uma espécie diferenciada de privação da liberdade, a qual se orienta pelos princípios da brevidade, excepcionalidade e respeito à condição humana peculiar do adolescente enquanto pessoa em desenvolvimento (art. 121 da Lei n. 8.069/90). Durante o período de internação, o adolescente poderá realizar atividades externas, como, por exemplo, escolarização e profissionalização.

A medida socioeducativa da *internação* assim como o *regime de semiliberdade* não comporta prazo determinado, porém, sua manutenção deve ser reavaliada no máximo a cada 6 (seis) meses, e, por certo, em nenhuma hipótese, a privação da liberdade poderá exceder o período de 3 (três) anos.

Contudo, ao ser atingido o período máximo de internação, o órgão julgador competente, uma vez ouvido o órgão de execução ministerial, determinará a liberação do adolescente, senão, a sua colocação em *regime de semiliberdade* ou de *liberdade assistida*.

No entanto, caso o então adolescente durante a *internação* alcançar a idade de 21 (vinte e um) anos deverá ser compulsoriamente liberado, através de determinação judicial.

Entretanto, a medida socioeducativa de *internação* somente pode ser judicialmente aplicada quando se encontrar devidamente comprovada uma das hipóteses taxativamente descritas no art. 122 da Lei n. 8.069/90, quais sejam: *ato infracional cometido mediante grave ameaça ou violência à pessoa; reiteração no cometimento de outras infrações graves; descumprimento reiterado e injustificável da medida anteriormente imposta.*

Permanece, pois, a determinação legal acerca da aplicação judicial da medida socioeducativa da *internação*, segundo a qual em nenhuma hipótese deverá ser aplicada se houver outra medida legal – *socioeducativa* e ou *específica de proteção* – que se afigura adequada às circunstâncias do caso concreto, bem como à condição humana peculiar do adolescente.

Para o mais, é importante frisar que a violência social produzida por crianças e adolescentes, nos centros urbanos, sequer alcançam índices estatísticos significativos. Atos de indisciplina tão próprios à infância e à adolescência como expressões das experiências interpessoais e sociais, certamente, não podem ser confundidos com o que se entende por ato infracional.

A evolução do Direito, senão, aqui, especificamente, do Direito da Criança e do Adolescente, é decorrência mesmo do desenvolvimento civilizatório e humanitário. A experiência comunitária decorrente, por assim dizer, da organização político-social, também, é sentida não só a partir das regras legalmente estabelecidas, mas, também, através da aplicação judicial consequente e responsável.

A reação estatal socialmente consequente, seja através do reconhecimento (respeito) e regulamentação legislativa de valores (direitos e garantias) democraticamente compartilhados, seja mediante o estabelecimento de instrumentos jurídicos protetivos (doutrina da proteção integral), de igual maneira, corresponde ao ideal (político-ideológico) humanitário adotado na Constituição da República de 1988.

O Direito da Criança e do Adolescente possui como corolário para criação, aplicação e efetivação jurídico-social das normas que regulamentam os interesses indisponíveis, os direitos individuais, e as garantias fundamentais afetos à criança e ao adolescente, as denominadas "Leis de Regência"[42], quais sejam: a Constituição da República de 1988 e o Estatuto da Criança e do Adolescente.

Essas "Leis de Regência" possuem nitidamente matriz epistemológica humanitária, senão, em consequência mesmo disto, viés metodológico inter e transdisciplinar; circunstancias que medianamente sugerem a não utilização de qualquer outra matriz epistêmica ou viés metodológico, senão, muito menos, aquele próprio ao conhecimento jurídico-penal, ainda que supostamente adaptável como se quer fazer acreditar com o dito *direito penal juvenil*.

---

[42] RAMIDOFF, Mário Luiz. *Direito da criança e do adolescente*: teoria jurídica da proteção integral. Curitiba: Vicentina, 2008, p. 231 e ss.

Logo, não se pode legitimamente reconhecer um suposto *direito penal juvenil*, no interior do Sistema de Justiça Infanto-Juvenil, haja vista que é inconciliável com os princípios, fundamentos e objetivos constitucional e estatutariamente estabelecidos, senão, com a própria *doutrina da proteção integral*.

O Estatuto da Criança e do Adolescente não deve ser alterado, pois causaria assimetria entre os sistemas protetivos originariamente estabelecidos.

De outro lado, entende-se que uma eventual sistematização nacional socioeducativa deva ser levada a cabo, através de Resolução do Conselho Nacional dos Direitos da Criança e do Adolescente (CONANDA).

O projeto de lei relativo ao Sistema Nacional Socioeducativo (SINASE) deve ser rejeitado, incumbindo-se, assim, ao Conselho Nacional dos Direitos da Criança e do Adolescente (CONANDA) a elaboração de Resolução a respeito, inclusive, para que lhe dê maior visibilidade social e dizibilidade política.

A idade de maioridade penal – 18 (dezoito) anos – democraticamente estabelecida no art. 228 da Constituição da República de 1988, constitui-se num direito individual, de cunho fundamental; enquanto tal não pode ser objeto de alteração, pois se trata de "cláusula pétrea", nos termos do inc. IV, do § 4º, do art. 60, da Constituição da República de 1988.

E, em sendo o Brasil é signatário da Convenção Internacional sobre os Direitos da Criança, a qual enquanto fonte de lei, nos termos do art. 5º, § 2º, *in fine*, da Constituição da República de 1988, também, determina a adoção da idade de maioridade penal em 18 (dezoito) anos.

A responsabilização diferenciada da criança e do adolescente em conflito com a lei deverá ser judicialmente efetivada através da aplicação de medidas específicas de proteção e ou socioeducativas, respectivamente. Contudo, ressalte-se que isto não significa impunidade!

Entretanto, as medidas legais *específicas de proteção* e as *socioeducativas* são reações estatais a serem adotadas judicialmente através do devido processo legal (estatutário) e, em observância, aos seus consectários da ampla defesa e do contraditório.

O ato infracional não pode ser equiparado ao que se entende por crime. À criança e ao adolescente falta capacidade psíquica para culpabilidade, isto é, não são passíveis de imputabilidade penal.

A imputabilidade penal enquanto aspecto da culpabilidade, segundo a teoria normativa pura da culpabilidade, determina a sua própria existência.

Logo, não se verificando a culpabilidade se torna impossível o reconhecimento do próprio crime, segundo a concepção operacional-analítica, senão, eventual equiparação a ato infracional.

O ato infracional não se confundindo com o conceito operacional-analítico de crime, por certo, não se constitui validamente no pressuposto legal para aplicação de sanção penal.

O ato infracional se constitui, sim, no pressuposto estatutário para aplicação judicial de medidas específicas de proteção e ou socioeducativas, as quais, portanto, não possuem caráter repressivo-punitivo.

As *medidas específicas de proteção* e as *socioeducativas* se constituem nas medidas legais adequadas para a responsabilização diferenciada de criança e ou adolescente a quem se tenha atribuído a prática de ato infracional.

No mais, destaca-se que a atuação das equipes interprofissionais – arts. 150 e 151 da Lei n. 8.069/90 – tem se constituído em importante fator de não repetição da prática infracional, por crianças e adolescentes, uma vez que proporciona a (re)estruturação pessoal e dos respectivos núcleos familiares para criarem, educarem e assistirem aqueles sujeitos de direito. É o que se encontra consignado no art. 227 da Constituição da República de 1988, segundo o qual:

> *É dever da família, da sociedade e do Estado assegurar à criança e ao adolescente, com absoluta prioridade, o direito à vida, à saúde, à alimentação, à educação, ao lazer, à profissionalização, à cultura, à dignidade, ao respeito, à liberdade e à convivência familiar e comunitária, além de colocá-los a salvo de toda forma de negligência, discriminação, exploração, violência, crueldade e opressão.*

ROSA, Alexandre Morais. *Direito infracional*: garantismo, psicanálise e movimento antiterror. Florianópolis: Habitus. 2006.

SANTOS, Juarez Cirino dos. *Direito penal*: parte geral. 3. ed. Curitiba: ICPC; Lumen Juris, 2008.

SEN, Amartya K. *Desenvolvimento como liberdade*. São Paulo: Companhia das Letras, 2000.

SÓFOCLES. *Antígona*. Trad. Millôr Fernandes. 7. ed. São Paulo: Paz e Terra, 2003 (Coleção Leitura).

LEAL, César Barros. La justicia de menores en Brasil y el sistema garantista: la edad de la responsabilidad penal. *In* PIERANGELI, José Henrique e SILVEIRA, Solange (coords.). *Direito penal e processual penal*: estudos em homenagem ao Prof. Paulo Cláudio Tovo. Porto Alegre: Sapiens, 2010.

LÉPORE, Paulo Eduardo; RAMIDOFF, Mário Luiz; e, ROSSATO, Luciano Alves. *Estatuto da juventude comentado – Lei n. 12.852/13*. São Paulo: Saraiva. 2014.

MESSIAS, Simone Fagundes. *Cartilha buscando direitos, encontrando soluções*. Porto Alegre: Conselho da Comunidade de Porto Alegre, 2009.

NEDEL, Christian. *O direito da criança e do adolescente*: ECA para concursos públicos. Porto Alegre: Sapiens, 2010.

NIÑO, Luis Fernando. *Responsabilidade penal de crianças e adolescentes*: críticas à legislação brasileira e da Argentina. Palestra proferida no 1º Congresso Internacional de Direito Penal e Processual Penal. Porto Alegre, 13 de maio de 2010.

ONU, Convenção Internacional sobre os Direitos da Criança. 20 de novembro de 1989.

PIERANGELI, José Henrique e SILVEIRA, Solange (coords.). *Direito penal e processual penal*: estudos em homenagem ao Prof. Paulo Cláudio Tovo. Porto Alegre: Sapiens, 2010.

QUEIROZ, Paulo. *Funções do direito penal*: legitimação *versus* deslegitimação do sistema penal. 2. ed. São Paulo: Revista dos Tribunais, 2005.

RAMIDOFF, Mário Luiz. *Custo do não investimento na infância e na juventude*. De Jure: revista jurídica do Ministério Público do Estado de Minas Gerais, Belo Horizonte, n. 11, p. 92-96, jul./dez. 2008.

RAMIDOFF, Mário Luiz. *Direito da criança e do adolescente*: teoria jurídica da proteção integral. Curitiba: Vicentina, 2008.

RAMIDOFF, Mário Luiz. *Lições de direito da criança e do adolescente*: ato infracional e medidas socioeducativas. 4. ed. Curitiba: Juruá, 2017.

RAMIDOFF, Mário Luiz. *Direitos difusos e coletivos IV*: Estatuto da criança e do adolescente. Vol. 37. São Paulo: Saraiva. 2012 (Coleção Saberes do Direito).

RAMIDOFF, Mário Luiz. *Sistema Nacional de Atendimento Socioeducativo – SINASE*: comentários à Lei 12.594/2012. 2. ed. São Paulo: Saraiva. 2017.

ANDRADE, Vera Regina Pereira. *A ilusão de segurança jurídica*: do controle da violência à violência do controle penal. Porto Alegre: Livraria do Advogado, 1997.

ARENDT, Hannah. *A condição humana*. 8ª ed. Rio de Janeiro: Forense Universitária, 1997.

ARENDT, Hannah. *Homens em tempos sombrios*. São Paulo: Companhia das Letras, 1999.

BATISTA, Nilo. *Introdução crítica ao direito penal brasileiro*. Rio de Janeiro: Revan, 1990.

BRASIL, CONSELHO NACIONAL DE JUSTIÇA, Resolução n. 112, de 06 de abril de 2010.

BRASIL, Lei n. 8.242 de 12 de outubro de 1991. Conselho Nacional dos Direitos da Criança e do Adolescente – CONANDA.

BRASIL, Lei n. 8.069 de 13 de julho de 1990. Estatuto da Criança e do Adolescente.

BRASIL, Lei n. 8.072 de 25 de julho de 1990. Lei dos Crimes Hediondos.

BRASIL, Lei n. 12.234 de 5 de maio de 2010.

BRASIL, Lei n. 12.594 de 18 de janeiro de 2012. Lei do SINASE.

BRASIL, SUPERIOR TRIBUNAL DE JUSTIÇA, Súmula n. 438.

CÁRCOVA, Carlos María. *La opacidad del derecho*. Madrid: Trotta, 1998.

CASTRO, Eduardo. *Arqueología del poder e ideología indoeuropea*: Dumézil, Foucault, Agamben. *In* Cultura e Fé – Revista de Humanidades. Ano 32. Vol. 127. Porto Alegre: Instituto de Desenvolvimento Cultural. p. 493-536, out./dez. 2009.

DOTTI, René Ariel. *Curso de direito penal*. Parte Geral. 3. ed. São Paulo: Revista dos Tribunais. 2010.

HOLANDA, Sérgio Buarque. *Raízes do Brasil*. 3. ed. São Paulo: Companhia das Letras. 1997.

A responsabilização diferenciada de crianças e adolescentes, assim, deve ser uma oportunidade para emancipação subjetiva, isto é, de melhoria da qualidade de vida individual e comunitária, a ser assegurada democraticamente através da efetivação dos direitos e garantias reconhecidos à cidadania infanto-juvenil.